UN PODEROSO REGALO DE TRANSFORMACIÓN PERSONAL

Para:

____

De:

____

Fecha:

____

UN PODEROSO SISTEMA QUE TE PERMITE CREAR Y SOSTENER NEGOCIOS EXITOSOS.

Titulo Original: Coaching para Pymes

Primera Edición Febrero del 2020

Impreso en Estados Unidos

COACHING PARA PYMES

Pyme es el acrónimo de pequeña y mediana empresa.
Se trata de la empresa mercantil, industrial o de otro tipo que tienen un número reducido de trabajadores y registran ingresos moderados,

Carlos Eduardo Sarmiento L.
Coach de Resultados

"Un trabajo es aquello por lo que nos pagan, el propósito es aquello para lo cual fuimos diseñados."

Carlos Eduardo Sarmiento L.

Agradecimientos

Gracias a Dios mi Creador.
A Jesús mi Salvador.
A mis amados padres Anamaria y Abel que hoy están en la presencia del Padre.
A mi amada esposa Magie.
A mi hija Gianna la Princesa de Dios.
A mis hermanas Anamaria y Manuela.

Este libro está dedicado a las personas que le apuestan a su trabajo y creen con pasión, en un Mundo mejor, dando lo mejor de sí a sus familias y a sus empresas.

Es un regalo para los que creen que el Liderazgo y el Servicio, también son la puerta de entrada a la Excelencia.

Este es un regalo para los emprendedores, dueños de negocios y empresarios latinoamericanos, que aman lo que hacen y están dispuestos a hacer lo necesario para crecer y SOSTENER SU INICIATIVA EMPRESARIAL, siendo relevantes para sus comunidades y bendiciendo con prosperidad a sus colaboradores.

RECONOCIMIENTOS:

Hoy, mi reconocimiento es a los grandes mentores que me han enseñado e inspirado con su forma de hacer empresas y liderar. Un reconocimiento a todos los clientes, amigos y colegas que han creído en mí, que me han permitido aprender de sus experiencias al interactuar con ellos. Gracias a todos por retarme y sacar lo mejor de mi aprendizaje y experiencia, fue una invitación abierta para adaptarla a la realidad latinoamericana de nuestros países en desarrollo, y es lo que les comparto en esta obra.

Me siento en compromiso con los líderes y mentores globales, en quienes me basé para aprender, modelar y desarrollar este modelo. Un Reconocimiento de grandeza e inspiración para mis maestros: Tacy M Byanh, Thomas K Connellan, David Novack, James M Kerr, Peter Drucker, Tony Hsieh, Carly Fiorina, Sthepen Covey, Bill Campbell, John O Keeffe, Kem Blanchard, Alan Mulally, Marshall Goldsmith, Fredy Kofman, Adam Grant, Jeffrey Inmmelt, Howard Schultz y Jack Welch.

Gracias a los mentores hispanos que han hecho parte de mi crecimiento, entrenamiento y desarrollo personal, como líder, coach y empresario: Néstor Sarmiento, Mauricio Molano Camacho, de la Familia RAMO, Manuel Barrero, mi mentor del Dale Carnegie Training, Mario Cobaleda, mi mentor de Coaching Ontológico en la Universidad de Manizales, Pablo Méndez, del Haggay Institute, Carlos Emanuel Hernández, mi mentor coach de Lifeforming, Edilma Ángel, mi editora de D'har Services Editorial de Arte y Diseño Global.

Agradezco al Alma Máter, de la Universidad Piloto de Colombia y su facultad de Psicología. Gracias a sus extraordinarios docentes que me enseñaron, mostraron e inspiraron a dar lo mejor de mí, a mis congéneres desde la ciencia, y llevarlos a las organizaciones desde el enfoque organizacional.

El Autor

ÍNDICE

PREFACIO

Estoy plenamente convencido que los latinos e hispanos, tienen la capacidad y calidad humana necesaria para ser generadores de las PYMES MÁS COMPETITIVAS, y para implementar el Modelo del Sistema de Aceleración de Negocios SAN.

Mi propósito al escribir este libro es inspirarte y retar a todos los dueños de negocios o empresas pequeñas, para que lean este material y se comprometan consigo mismos y con sus iniciativas empresariales, para llevar sus compañías al siguiente nivel de excelencia y junto a mí, hacer CRECER la economía de nuestros países con emprendimientos y Pymes progresivas, con el fin que nuestras compañías se conviertan en una referencia mundial.

Reconozco la calidad y el valor de todos los empresarios latinos, que llevan a sus empresas por buen camino y la de otros, que ya están en camino de mejorar. Estoy convencido que los niveles superiores de competitividad y excelencia, que estamos en capacidad de alcanzar, aún están por construirse.

Todos nosotros podemos aprender muchísimo de los aciertos y desaciertos, de algunas empresas latinas que son exitosas como:

Big Cola, del Perú
Taringa, la exitosa red social de Argentina

El Pollo Campero, de Guatemala
Ponqué Ramo, de Colombia

Y de los exitosos grupos empresariales latinos:

El grupo Nutresa, de Colombia
Itaú Unibanco, de Brasil
Ecopetrol, de Colombia
América Móvil, de México
Banco Bradesco, de Brasil

Tenemos varios modelos para investigar y estudiar. Pregúntate: ¿Qué hicieron o están haciendo estas empresas? ¿Qué formas diferentes de mercadeo utilizaron que los llevó a posicionarse en el mercado?

En este libro, no abordaré temas directos de estas compañías, aunque son algunos de los referentes que me inspiraron, a crear el modelo que te propongo orgullosamente en esta obra: El Sistema modelo para potenciar los emprendimientos y que las Pymes se consoliden y estén listas para llegar al siguiente nivel. Tengo claro, que lo bueno, siempre será enemigo de lo extraordinario. Mi propuesta es presentarte un reto y movilizar a los que están iniciando sus negocios para que sean mejores y a los que ya son mejores para que sean extraordinarios.

También es importante comprender que, el hecho de que conozcamos empresas o que nuestras Pymes estén creciendo, vendiendo, nos dejen una buena rentabilidad y sean reconocidas, no son garantía ni nos indican que tenemos empresas extraordinarias o "empresas conscientes", como las llama Fred Kofman.

Te invito a una gran apertura mental, ten ganas de aprender, yo te aseguro que aún existen muchas posibilidades para mejorar y lograr tus objetivos.

El Autor

ALGUNAS OPINIONES SOBRE ESTE LIBRO:

"Somos lo que hacemos. Esa es la clave para entender que todo lo que sucede en tu vida es fruto de tu obra personal, por acción u omisión. Así te construyes. Lo que sostiene tu rutina para observar el mundo que te rodea, es el nivel de conciencia que tienes sobre tus circunstancias.

La consecuencia es decidir qué hacer frente a eso: Repetir respuestas o cambiarlas. Los hechos externos son solo información, datos, y no estímulos.

La conciencia es una posibilidad dinámica que se alimenta de preguntas. Las que no pueden hacerse los otros animales. O sí, pero les lleva años y vidas responderlas. Eres el resultado de tu estado de conciencia sobre las cosas que te han pasado y pasan. Puedes darte cuenta o no. Lo que cambia es qué haces, con lo que te pasa: Ignorarlo o pararte frente a frente. Sufrirlo o manejarlo. Cuando eliges esta última opción, sientes que estás vivo, estás aquí y ahora, presente con tus recursos.

El valor que encontré en este libro es que te desafía, reta e invita bravamente a no seguir en el lugar del sufriente y quejoso o revisar cuánto hay de espíritu empresario noble y poderoso en tu sangre. Es una eficaz herramienta para descubrir lo que tal vez no has iluminado suficientemente hasta aquí.

Todos tenemos zonas ocultas en el interior, pero influyentes en la conducta. A veces las resistimos; otras veces, las subestimamos. A través del viaje por estas páginas podrás encontrarte cara a cara con ellas, les darás las luces necesarias para que acompañen tus decisiones naturalmente, o te ayuden a modificar la conciencia desde la que las tomas".

Oscar Virga Digiuni
Director ISFE
Coach Profesional y Mediador Sistémico
ARGENTINA

"Quiero agradecerle a Carlos Eduardo, el tenerme en cuenta para leer y comentar su libro Coaching para Pymes. Llevo más de 30 años trabajando en las empresas, primero como empleada en el cargo de Dirección del Área de Gestión Humana y desde el año 1998, como Asesora de Empresas en un 98% Pymes y esto me permite evidenciar en este maravilloso libro, que su autor nos muestra un gran aporte con sus competencias como líder y su generosidad como ser humano.

Leer su libro me gustó mucho por su lenguaje, sencillez y practicidad, donde su autor hace un enlace perfecto de sus conocimientos, muy ricos, por cierto, experiencias, vivencias y su propio entrenamiento, para que podamos aplicarlo con la plena seguridad que obtendremos muy buenos resultados.

Me identifico con todas sus conclusiones, al leer su libro iba sintiendo todo lo que yo misma había vivido en mis trabajos y asesorías.
Hay dos puntos que me gustaron mucho; el primero es que hay que seguir y honrar los procesos, para que haya orden y resultados y el segundo es que para sacar lo mejor de nuestros colaboradores, hay que tomarse el tiempo para conocerlos profundamente, demostrándoles respeto, generando una magia que nos permite resolver conflictos.

Carlos Eduardo, con su libro nos aporta unas herramientas sencillas y prácticas que nos van a permitir realizar una intervención oportuna para el crecimiento y cambio de nuestras Pymes".

LUCILA JARAMILLO PEÑA
Psicóloga
Especialista en Gerencia de Talento Humano
Y Desarrollo Organizacional
Líder Coach Coaching Hall
COLOMBIA

MENTORÍAS PARA EMPRESARIOS

Hola, si requieres más información acerca de nuestros programas o mentorías, ya sea privada u online, puedes contactarnos en:

www.emergiendo.com
carloseduardoscoach@gmail.com

Teléfono (+57) 3505470393

Incluso, si tienes una sugerencia o alguna duda, escríbenos.

¡Gracias!

Bendiciones, éxitos y una abundancia manifestada,

para ti, los tuyos y tu empresa.

REFUERZA TU APRENDIZAJE, CONECTÁNDOTE CONMIGO EN MI CANAL DE YOUTUBE

https://bit.ly/2RRc5qj

Escríbenos y permítenos saber de ti. ¿Cómo vas con la lectura del libro? ¿Qué tanto estás aplicando? ¿Cómo te podemos ayudar e impulsar para ir al siguiente nivel?

www.emergiendo.com

csarmiento@emergiendo.com
carloseduardoscoach@gmail.com

CONTEXTUALIZACIÓN DEL IMPACTO DE LAS PYMES LATINAS

"El 100 % de tus empleados son personas y el 100 % de tus clientes son personas. Si no comprendes a las personas, no comprendes a tu negocio".

Simon Sinek

Desde mi compañía EMERGIENDO, te propongo el modelo de intervención SAN (Sistema de Aceleración de Negocios). Veamos cifras reales del impacto de las Pymes en el Mundo, muchas lideradas por hispanos.

- En el año 2017, por lo menos el 99% de las empresas en España, fueron Pymes según el DIRCE (Directorio de Centros Empresariales).

- En Latinoamérica existen por lo menos setecientas dieciséis mil Pymes, de las cuales ciento cuarenta y cinco mil aproximadamente, son medianas empresas.

- Las Pymes generan el 28% del PIB en Latinoamérica, pero la realidad es que les falta más apoyo de parte de los gobiernos.

- Solamente un 45% de las Pymes latinoamericanas sobreviven después de sus primeros tres años, en comparación con el 70% de las Pymes europeas.

En Colombia, según el DANE, las Pymes representan un 35% del producto interno bruto de la Nación, y son las generadoras de un 80% de empleos en todo el país.

ADVERTENCIA:

Te reto a que cuestiones y compruebes, lo que te propongo en este libro, y después de implementarlo y ajustarlo a tu realidad, me cuentes tus experiencias y resultados al email: carloseduardoscoach@gmail.com

Ponle más atención a las partes con las cuales te conectas o te identificas, porque es ahí, donde está la propuesta para ti y en donde está tu oportunidad para crecer, aprender, empoderarte y ser protagonista en los nuevos cambios de tu empresa.

Te reto a CELEBRAR, si estás en un nivel de conciencia donde te reconoces y te das cuenta que ya has avanzado más que otros. Tu reto genuino, es mirar lo que puedes hacer para ayudar a otros a crecer hasta llegar a tu nivel.

INTRODUCCIÓN

Hace más de 20 años comencé a interesarme por los temas de liderazgo, gerencia y empresa, fui un simple lector apasionado, al mismo tiempo que incursionaba como conferencista empresarial, en la Cámara de Comercio de Bogotá, en paralelo, estudiaba Psicología con énfasis en lo organizacional.

Antes, había trabajado con familiares en dos medianas empresas, las vi crecer con resultados financieros interesantes, pero también con mucho trabajo y esfuerzo; pero luego las dos empresas familiares quebraron después de más de 20 años de historia. No se pudieron adaptar a los cambios, a la crisis, a innovaciones y a los diferenciales de valor de productos, que otros empresarios ofrecían en el mercado. Luego tuve el privilegio de volverme consultor asociado de una empresa multinacional, experta en liderazgo y en desarrollo organizacional, que cuenta con presencia en más de sesenta países, y con un historial de éxito de más de cuatro décadas, y allí fue donde me formé.

Luego, apasionadamente, quise implementar este modelo en mi país y en empresarios amigos de otros países suramericanos. Aunque en algunas iniciativas tuve éxitos, en otras pagué un precio muy alto, porque generaron frustración en los procesos de implementación y una resistencia muy alta en cuanto al cambio. Cuando intenté entrar con ese modelo muy poderoso y probado, caí en un escenario invisible que no había contemplado. Hoy, lo tengo bien claro, es la **Cultura Organizacional.**

Personalmente estaba frustrado; no entendía por qué algo tan poderoso como el Liderazgo Transformacional, un modelo que es exitoso y lleva décadas siéndolo, que ha sido probado en otros países y aquí, en mi país no funcionaba. En algún momento pensé que era un problema personal mío. Me preguntaba constantemente: ¿Debe existir algo que yo no sé?

Fue en una conferencia, escuchando a Roberto Mourey, un ejecutivo exitoso que había trabajado con multinacionales como Pepsi, Telefónica y Monsanto. Cuando comprendí que esta problemática no era nueva. Él lo había vislumbrado después de 30 años de experiencia. Él, también encontró que la **Cultura** era el factor invisible, que me hacía falta encontrar. Entendí con mayor profundidad, algo que leí de Peter Drucker: *"La cultura se come a la estrategia para el desayuno"*.

Luego comencé a ver con otra perspectiva, los fenómenos sociales, culturales y políticos que acontecen en todos los países. Es difícil combatir fenómenos como la corrupción y las crisis empresariales en todos los países. Todo esto me llevó a reinventarme, reentrenarme y a aprender estudiando con profundidad, los casos Globales de las mejores empresas con éxito en el mundo, buscando mayores respuestas a las preguntas que me planteaba.

En ese camino aprendí muchísimo y además me certifiqué como Coach Organizacional y Coach Transformacional, también, tomé elementos vitales para poder entender cuáles eran los elementos invisibles, que yo no tenía en cuenta antes y por esa razón no obtenía los resultados que esperaba.

Ya han pasado muchos años desde que comencé en este camino, con el tiempo he mejorado mis procesos y mis intervenciones, además tengo el privilegio de ser autor; he publicado seis libros hasta el momento, sobre temas de liderazgo, coaching, emprendimiento y, ¿cómo ser padres?

Para ser más contundente, y llegar con éxito a lo que en mis procesos llamo el siguiente nivel, este libro es el resultado de ese viaje. Lo que les presentaré a continuación es un modelo propio, que es el más cercano a la realidad latinoamericana.

¡Bienvenidos!

Capítulo Uno

LOS RETOS DE LAS PYMES

"Un ejército no tiene formación constante, lo mismo que el agua no tiene forma constante: Se llama genialidad, a la capacidad de obtener la victoria cambiando y adaptándose según el enemigo".

Sun Tzu

Antes de abordar mi propuesta de valor para llevar las Pymes y sus dueños al siguiente nivel, debo contextualizar y precisar un poco, cuáles son los principales retos de las Pymes latinoamericanas hoy en día.

Curiosamente, como seres humanos y dueños de empresas, nos damos cuenta en los momentos de crisis o problemas que afrontamos, de tres cosas muy importantes:

- Que existen algunos retos, problemas o situaciones que no habíamos visto o tenido en cuenta.
- Que dentro de nosotros, habita un gran potencial de genialidad, inteligencia y adaptación.
- Definitivamente, existen cosas que no sabemos, y para las cuales no estamos preparados.

Después de muchas conversaciones con emprendedores, dueños de negocios, empresarios, gerentes y líderes. Viendo la realidad del proceso de crecimiento, desarrollo y sostenibilidad de las Pymes a nivel latinoamericano, encontré que existen 6 RETOS principales, que son los que limitan a las Pymes para mantenerse con vida e ir al siguiente nivel.

Los Seis RETOS de las Pymes Latinoamericanas:

Reto Uno: Mentalidad de empleado.
Reto Dos: Falta de estructuras y procesos.
Reto Tres: Desconocimiento de la cultura y su impacto.
Reto Cuatro: Falta de liderazgo en todos los niveles
Reto Cinco: Pérdida de clientes y mercado.
Reto Seis: Mal manejo financiero.

A continuación, profundizare un poco en cada uno de los seis retos, para que juntos evaluemos en cuál de estos seis retos tú y tu Pyme deberían entrenarse y trabajar.

Reto UNO: Mentalidad de empleado

He estudiado el liderazgo y el desarrollo organizacional a nivel global, con los mayores expertos del Mundo, durante los últimos 15 años, y lo que he verificado una y otra vez, es que el factor DIFERENCIADOR número uno, en las empresas exitosas o de clase mundial es EL FUNDADOR, es decir, la esencia de la persona que está detrás de la iniciativa empresarial. Por eso es imposible transformar a una Pyme, en una empresa de clase mundial si el fundador no tiene la mentalidad correcta.

Los latinos influenciados por muchas de las series americanas que llegan a nosotros, a través de las empresas de cable y publicidad de los medios, aún seguimos conectados con el llamado sueño americano. Definitivamente sé que todos anhelamos el éxito de nuestras empresas, pero una gran mayoría sigue con una mentalidad equivocada, la similar a la mentalidad de un empleado.

Características de la mentalidad de un empleado promedio:

- No le apuesta al largo plazo.
- Quiere lograr mayores ingresos con la menor inversión de tiempo, esfuerzo y dinero.
- Espera que otros (la empresa, el Gobierno, sus colaboradores) lo respalden, lo apoyen y hagan lo máximo por él, sin pensar en la importancia de la reciprocidad.
- Es egoísta.
- Tiene problemas a la hora de conciliar el manejo del dinero.
- Tiene problemas a la hora de conciliar el mundo del trabajo con su vida familiar y personal.
- No son previsivos.
- Les falta pasión y compromiso.
- Les incomoda rendir cuentas.

La mayoría de los empresarios latinos no son así, pero estoy seguro de que muchos se identificaron con una o dos de las características anteriores. Entonces, si existe posibilidad para una mejora a nivel personal y de empresa.

No es casualidad que las mayores y más exitosas empresas del Mundo, son las que han sido desarrolladas por seres humanos extraordinarios que poseen una MENTALIDAD DE GANADORES.

Piensa en algunos nombres de empresarios con mentalidad ganadora: Henry Ford, Walt Disney, Steve Jobs, Michael Dell, Warren Bufett, Jeff Bezos, Carlos Slim y Richard Branson.

Nombro aquí algunos iconos o referentes de los cuales hay mucho que aprender, aunque también tienen muchas cosas y comportamientos que no deben ser copiados. Son personajes que poseen una mentalidad de ganadores, algunos, dejaron de crecer en otras áreas, debido a que les dieron más prioridad a los negocios. Muchos, en su camino, lastimaron a sus colaboradores, amigos y familiares, aunque, hicieron cosas muy interesantes que podemos aprender para mejorar en nosotros mismos. Así que la invitación es que seas objetivo y toma lo mejor de las enseñanzas de estos grandes empresarios.

Reto DOS: Falta de Estructuras y Procesos

Los latinoamericanos, somos seres afables, emocionales y emprendedores, nos gusta ayudar y formar lazos de amistad. Pero algunos son indisciplinados, inconstantes, desordenados y no llevan una estructura en sus empresas.

Cuando logramos darles un crecimiento a nuestras empresas, y están generando buenos dividendos, erróneamente seguimos creyendo que, si continuamos con el mismo método inicial las haremos sostenibles. Normalmente las empresas no suelen ser creadas con forma estructural, y los empresarios suelen pensar que cumplen con todo, cuando logran certificarse en las normas ISO. La realidad es que muchas veces, se certifican para cumplir con un requisito y poder ganar negocios, o para cumplir con los requerimientos de las licitaciones; pero no lo hacen por convencimiento propio de la importancia que poseen las estructuras y los procesos dentro de la compañía.

Aquí viene un punto importante: Todos deberían trabajar para desarrollar competencias de liderazgo, comenzando por el dueño o los socios, si los hay, y transmitir este conocimiento de gestión a los empleados y colaboradores de la empresa, aún antes de certificarse en las normas ISO.

Reto TRES: Desconocimiento de la Cultura y su Impacto

He invertido mucho tiempo y dinero, en entrenamientos de liderazgo, desarrollo organizacional, para formarme y entrenarme en competencias blandas y en los modelos de éxito comprobados a nivel global.

A consecuencia de los resultados, no muy exitosos, de mis primeras iniciativas empresariales, durante dos años me entrené en el modelo de Líder Total como Consultor Asociado de la empresa *Leadership Management International.* Donde entendí el significado del poder de la Cultura.

Como lo dijo el padre de la administración moderna Peter Drucker: ***"La cultura se come a la estrategia en el***

desayuno".

Después de leer esa frase, me di cuenta lo importante que es y el poder que tiene la CULTURA ORGANIZACIONAL.

Cada día llegan problemas que se deben resolver de la mejor forma posible, incluso hasta es necesario pagar un precio por ello. En conversaciones de equipos, es fácil encontrar culpables y decir que fueron; los empleados, la situación económica del país y del mundo, los políticos y otras cosas. Aunque no se puede negar el impacto de algunos de esos elementos. No es ahí donde debemos centrar nuestra atención

La CULTURA ORGANIZACIONAL es la responsable principal de lograr mantener las CREENCIAS y COMPORTAMIENTOS principales, que generan y perpetúan los resultados que existen en todas las áreas de su negocio.

Reto CUATRO: Falta de Liderazgo en todos los Niveles

Tengo que reconocer que el liderazgo, fue un tema que me apasionó en mis comienzos, al acercarme al mundo empresarial del emprendimiento y del desarrollo organizacional. Esto se convirtió en una búsqueda personal e incansable para encontrar todas las respuestas posibles a la siguiente pregunta: ¿Cuál es el factor diferenciador o detonante, que tienen las personas más exitosas del mundo? Las que generan un impacto tipo cascada en sus equipos y organizaciones, como resultado de su influencia y su forma de ver el mundo.

Muchos tienen valentía, pero deben reconocer que no son devotos del Liderazgo; no son juiciosos, ni se comprometen con su propio desarrollo personal. Menos aún el reconocer que existen mejoras en el carácter, madurez y productividad personal y grupal cuando desarrollan el liderazgo, generada muchas veces por desconocimiento o porque tienen que pagar un alto precio en cuanto a tiempo y dinero.

¿Por qué pasa esto?

Nos han afectado los malos o pésimos ejemplos de nuestros familiares, modelos educativos, políticos, líderes religiosos y sociales, etc.

En los últimos 10 años, se ha venido creando una conciencia real de la importancia del liderazgo, por ende, ahora se encuentran presentes en algunos programas y diplomados universitarios en nuestros países latinoamericanos y se estudian dentro de las especializaciones o MBA.

¿Qué evidencias existen, de la carencia de liderazgos en todos los Niveles?

- El Liderazgo es confundido con poder y posición.
- Creer que tener dinero, un puesto de trabajo, o un resultado previo, nos convierte en un líder.
- No hay conciencia de la correlación existente, entre inversión en procesos de capacitación, entrenamiento, coaching y desarrollo organizacional; frente a los resultados que se desean obtener en la empresa; tales

como productividad, desempeño, crecimiento y sostenibilidad de ésta, a largo plazo.

- En la gran mayoría de los casos, los dueños de negocios debido a su posición, y también a algunos de sus resultados se autodenominan gerentes. Lo que no es común encontrar es que, previamente estos líderes se hayan acompañado de un proceso serio de formación y desarrollo, que los hicieran realmente competentes para esos nuevos cargos o funciones.
- En todas las Pymes y empresas, existen grandes brechas en cuanto a la formación que se le da o reciben las personas de altos, medianos y bajos mandos. A estos últimos, pocas veces se les da el mismo estándar de procesos, para que realmente esto le permita a la empresa ser direccionada para posicionarse como una compañía de clase mundial.
- Para la formación del talento humano y el desarrollo de competencias de liderazgo, algunas empresas no tienen un presupuesto asignado, o es lo último que contemplan, dependiendo de las utilidades.

Reto CINCO: Pérdida de Clientes y Mercado

Este problema es fácilmente detectable, ya que los clientes son los que nos traen el dinero. El ingreso económico, es el eje central de sostenimiento y progreso de nuestras empresas.

La realidad de las Pymes latinoamericanas es que muchas, en su gran mayoría, no han entendido realmente lo que ha cambiado en el escenario del mundo de hoy. Aunque algunas siguen mostrándose y trabajan como una empresa local, realmente la globalización y el mundo digital del internet, han eliminado las barreras de lugar y de tiempo. Se debe tener visión de empresa global, para poder así generar, intervenciones más efectivas hacia el interior de las empresas, y en ese camino lograr la OFERTA DE VALOR, para que genere un verdadero diferencial, que sea acorde a las características del mercado internacional, y de las realidades socioeconómicas de hoy en día.

Por otra parte, debido a una carencia histórica cultural de formación y capacitación, cada empresario cree equivocadamente, que formar una empresa, es tener un gran producto o servicio, sacarlo al mercado y generar grandes ventas. Pero el contexto competitivo, demanda que todas las empresas o iniciativas comerciales, incluyendo las Pymes deben aprender y manifestar el uso de ciertos ESTÁNDARES MÍNIMOS, para poder garantizar su presencia en el mercado, su sostenibilidad y existencia a largo plazo.

Me pregunto en voz alta: ¿Por qué un gran número de las Pymes en Latinoamérica y Centro América, no tienen procesos y estándares claros, en cuanto al servicio al cliente, uso de nuevas tecnologías, liderazgo, procesos, marketing y ventas? Siempre encuentran excusas para no cambiar, ni mejorar las brechas existentes, pero si quisieran tener mejores resultados. En el fondo, suelen ser optimistas de que más adelante tendrán un milagro, que los sorprenda en cuanto a crecimiento y rentabilidad.

Reto SEIS: Mal manejo Financiero

Al preguntarle a varios emprendedores, empresarios y dueños de negocios, cómo les ha ido este año, la respuesta común que ofrecen la fundamentan en la cantidad de dinero que ganaron o perdieron en el año, en su equilibrio o desequilibrio a la hora de presentar los pagos o la amortización de las deudas adquiridas, o transformaciones de la misma empresa, incluso, hablan del no pago de sus salarios. Los graves problemas de finanzas de la mayoría de los empresarios se presentan al no saber sobre contabilidad, ni de aspectos tributarios, por lo que terminan dejando todo en manos de un contador, siempre y cuando tengan dinero para pagarle, para evitar meterse en problemas con el fisco. Esta es una realidad de un gran número de Pymes.

Así mismo, los empresarios hispanos normalmente prefieren invertir sus sobrantes o ganancias financieras en bienes inmuebles, en actualización de maquinaria o en cosas tangibles que ellos puedan ver y tocar. También nos encontramos que a algunos empresarios les han dado buenos resultados financieros por más de tres años, creen que siempre tendrán abundancia, entonces gastan el dinero de las utilidades para darse lujos y dar regalos a sus familias. Estos, suelen no ser realmente previsivos, incluso asumen deudas equivocadas que luego terminan llevándolos a problemas financieros muy críticos.

Por falta de liderazgo y de sistemas, los empresarios no saben que es posible llevar a sus Pymes a mejores lugares. Sé por experiencia, que muchas veces por la carencia de inversión y conexión con algún proceso de desarrollo personal y de liderazgo. Algunos cuando les llega la abundancia no la saben manejar, incluso se conforman con ciertos resultados por años y hasta décadas.

Nota Metodológica: Es importante entender que con este capítulo, busco generar conciencia al acercarlos a la realidad de los principales RETOS que enfrentan un número interesante de Pymes.

Soy consciente de que en muchas cosas hemos avanzado, pero estoy seguro que por lo menos en uno de los seis retos existe oportunidad de mejorar en usted o en su Pyme

Capítulo Dos

LOS CUATRO ROLES DEL DUENO DE UNA PYME

"En el nuevo juego de los negocios, los ganadores no son los mejores, sino los que dominan el juego".

Roberto Serra

El juego de aprender a crear y sostener empresas exitosas está totalmente conectado al poder de trabajar por alcanzar la madurez. Y La madurez es símbolo de aprendizaje, experiencia, sabiduría y pasión.

Como emprendedor, consultor empresarial y coach de empresarios, he podido observar de primera mano que, lo que realmente limita y conduce a la quiebra o al fracaso de las Pymes, es el MISMO EMPRENDEDOR. También lo he podido evidenciar en empresas con 15 o 25 años donde el mayor obstáculo al desarrollo y a la excelencia es el mismo empresario.

Para contextualizarlo primero, quiero presentarles algunas de las quejas comunes que tienen algunos de los emprendedores y dueños de negocios:

- Soy un profesional en lo que hago, pero el dinero no lo veo.
- Eso de ser empresario es muy duro, todo lo tengo que hacer yo.
- Soy el dueño, pero trabajo más duro que cualquiera de mis empleados.
- Todo lo solucionaría, si tuviera con qué, pagar a un gerente tan excelente como lo soy yo.
- Pensé que emprender un negocio era más fácil.
- Sería Bueno tener a un Mentor Empresarial que me acompañe en este viaje.
- El problema es la carencia de personas competentes. Nadie hace las cosas como yo.

Los 4 roles del Dueño de una Pyme son una adaptación, propia del trasfondo de la propuesta basada en “Los seis sombreros para pensar” de Edward de Bono.

Estudiando las mejores formas de liderar, gerenciar y como direccionan los mejores y más exitosos e irreverentes empresarios del mundo, entendí que para ser exitoso y estar al frente de una Pyme, deberías entrenarte y desarrollar competencias en 4 Roles específicos.

Los cuatro Roles del Dueño de una Pyme:

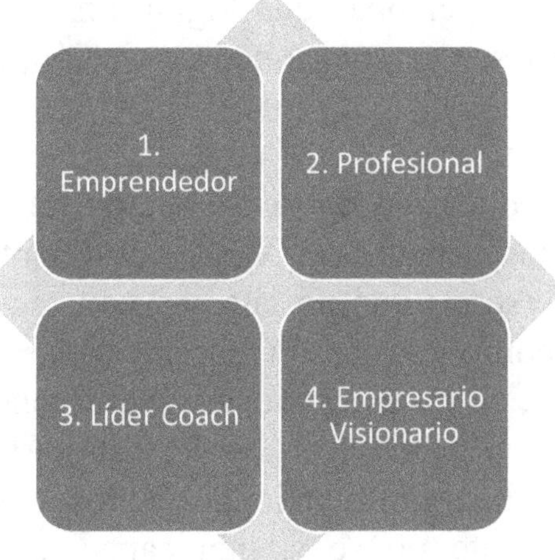

Estos 4 roles, a mi criterio, responden a la evolución y adaptación de las necesidades que va teniendo el dueño de un negocio, a medida que va creciendo y madurando.

En mi experiencia el rol uno, el de EMPRENDEDOR, nace contigo y lo trae tu ADN, común en gran cantidad de seres humanos.

El rol dos de PROFESIONAL, es el aporte del sistema educativo promedio en la mayoría de los países.

En cuanto al rol tres LÍDER COACH y el cuatro del EMPRESARIO VISIONARIO, se tiene una gran brecha, lo que limita a miles de empresarios y emprendedores bien intencionados, que no reconocen sus verdaderas necesidades, y el sistema educativo se los brinda.

La mayoría de las veces, lo que realmente diferencia a un emprendedor amateur de un profesional, son los roles 3 y 4, los cuales son para aquellas personas que logran un nivel de conciencia y buscan cubrir sus carencias con educación, fuera del sistema educativo tradicional.

Aunque en el sistema educativo existe la opción de hacer maestrías, especializaciones o hacer un MBA[1], realmente no están al alcance de las personas que no cuentan con recursos económicos suficientes como es común en nuestros países latinoamericanos. Además, se ha comprobado que el tener un MBA, no es tan relevante y efectivo si no formas parte del engranaje corporativo de una multinacional, Y los que no tienen un MBA normalmente no se siguen capacitando ni empoderarando a profundidad para llevar a una Pyme a ser de clase mundial.

En mi experiencia personal, al conversar con líderes, empresarios y CEOS, me compartieron que realmente lo que les ayudó en su autodesarrollo personal y a la vez se convirtió en un detonante para el crecimiento de sus empresas, fue lo que aprendieron en su ENTRENAMIENTO personal con coaches y mentores.

Ejemplo de eso es que, los CEOS más exitosos y dueños de empresas famosas leen un promedio de 40 a 60 libros por año, en comparación con el común de los emprendedores latinos, que ni siquiera leen cuatro libros al año.

---

[1] Master of Business Administration.

Un Acercamiento a los 4 Roles del Dueño de una Pyme:

EMPRENDEDOR: El espíritu emprendedor, como lo llamo, es algo que viene con nosotros, se refiere a la capacidad innata que tenemos de aprovechar una oportunidad, para que de forma independiente, tengamos la iniciativa de vender, comercializar u ofrecer un intercambio de servicios o productos, a cambio de dinero. Este rol es muy importante, es el iniciador de todo. En muchos, es algo común que han practicado en algún momento de sus vidas, ya sea en el colegio, la universidad o en momentos en que no tienen trabajo, pero este rol no les permite llegar al siguiente nivel.

PROFESIONAL: Al salir de la enseñanza media, estás pensando en los estudios superiores y tienes la disyuntiva de, estudiar lo que te parece y te gusta, o elegir aquella carrera que parece darte posibilidades de ganar más dinero, o que tenga mayor apertura para conseguir un buen empleo.

Vas a la universidad y estudias durante 5 años o más, sales titulado como un profesional en alguna carrera, te otorgan un hermoso diploma que recibes el día de tu graduación. Luego al tratar de conseguir trabajo, te encuentras con la barrera de la falta de experiencia laboral. Si lo consigues, lo inicias apasionado y feliz porque estás trabajando en lo que estudiaste o porque estás ganando tu propio dinero y al pasar los meses, te sientes mal porque sigues viviendo en casa de tus padres. El ingreso no te da para pagar tu propio lugar y vivir independiente. Si logras permanecer durante varios años en la misma empresa, suele venir LA INCONFORMIDAD INTERNA por falta de un PROPÓSITO, que se manifiesta como una voz interior y que te dice cosas como:

- La vida de adulto debe tener algo más que, solo trabajar y hacer lo mismo todos los días de la semana.
- Soy un profesional que sabe hacer las cosas. ¿Qué hago en esta empresa, generando dinero para otros?
- Quiero ser rico y exitoso, pero INDEPENDIENTE.

Muchos se resisten o hacen caso omiso a su voz interior, continuando en el mismo trabajo, otros cambian de empresa buscando mejores oportunidades o mejor salario. Los más atrevidos, apasionados o los que tienen mayores posibilidades, recursos y relaciones, se atreven a dar el paso hacia la independencia. Entonces montan su propia empresa en base a sus ahorros, un préstamo bancario o de un familiar o amigo.

Estos emprendedores, emocionadamente consumen de 3 a 5 años de vida, dando lo mejor de sí y toda su energía a esa iniciativa. En esos primeros años, los emprendedores están tan emocionados y entusiastas, porque han tenido algún atisbo de éxito, ante la euforia de… ¡Ya soy independiente, soy un empresario y no trabajo para nadie! Y esto los enceguece un poco y creen que lo saben todo, que no necesitan de nadie, para ellos no existen brechas de aprendizaje en la madurez de una empresa, y piensan simplemente que el éxito vendrá por sí solo como algo natural despues del tiempo.

Normalmente siguen haciendo por años lo mismo, y hasta son capaces de sostenerse en funcionamiento, hasta que el contexto o una crisis les muestran algo diferente.

Las CRISIS, el gran Punto de Inflexión

En mi camino como Coach de emprendedores y gerentes, entendí que solo después de los primeros 3 o 5 años de vida de creada la empresa, que es cuando el emprendedor toma conciencia de que necesita ayuda y que hay cosas que no sabe.

Normalmente, estos puntos de inflexión y crisis se manifiestan en:

- Una gran inconformidad frente al dinero que les queda, en comparación con todo el esfuerzo y el trabajo que ofrecen a su empresa.
- Una crisis económica grave que les impide continuar funcionando, por la carencia de recursos para pagar sueldos, arriendos o compras de materias primas.
- La incapacidad de hacer crecer la empresa. Algunos piensan que toda la responsabilidad está en la falta de compromiso de los empleados y que todo cambiaría, si realmente se consiguieran empleados competentes.
- Frustración personal, por el escaso crecimiento y desarrollo de la empresa en uno o varios factores, teniendo en cuenta que ha hecho grandes esfuerzos; incluyendo cambios, mejoras e inversión de dinero, sin lograr un mejor resultado o impacto en el mercado.

EL LÍDER COACH: Este rol es fundamental y central a la hora de pensar en llevar a una empresa *amateur* a una de nivel profesional. Cuando hablo del Líder Coach, me refiero a desarrollar en el dueño de la Pyme las competencias blandas y prácticas, que deben estar primero en el dueño de la empresa, ya que siempre será el empresario el tope o límite del crecimiento de la empresa.

Ser Líder Coach es reconocer que necesitas aprender:

- ✓ Como liderarte a ti mismo.
- ✓ Como tratar a las personas.
- ✓ Liderar equipos.
- ✓ Gestionar emociones y conversaciones.
- ✓ Resolver problemas.
- ✓ Tomar decisiones.
- ✓ Saber inspirar y conectarte con personas.
- ✓ Otorgar dirección y propósito a la empresa y colaboradores.

Jack Welch ex CEO de la General Electric dijo: **"En el futuro, quien sea promovido a una posición de autoridad debería tener competencias de Coaching"**

¿Por qué necesitas estas capacidades? Porque hoy, en este Mundo, hacer empresa es muy diferente, al entorno en el que nuestros padres y abuelos hicieron empresa. Hoy tenemos que convivir en espacios laborales, con personas de diferentes generaciones. Además de competir con compañías globales y empresas emergentes.

EMPRESARIO VISIONARIO: No pretendas volverte empresario extraordinario y edificar empresas de clase mundial, si no tienes las aptitudes y el ADN de un Empresario Visionario. El cual tiene tres elementos que marcan la diferencia, que son un detonante mágico para aquellas compañías cuyos dueños tienen este elemento.

Elemento 1: **Mentalidad de Empresario (Dirección y Propósito).**

Elemento 2: **Estrategia y Estructuras.**

Elemento 3: **Innovación y Cultura Ganadora.**

Nota Metodológica: Aunque en este libro se cubren la mayoría de los 4 roles para ser dueño de una Pyme como lo son: EMPRENDEDOR, PROFESIONAL, LÍDER COACH y EMPRESARIO VISIONARIO, no puedo profundizar tanto como quisiera así que recomiendo luego complementar la información en mis libros: El Poder de lo Invisible (Como crear y sostener culturas ganadoras), El Líder Coach (Las 15 competencias de un gerente moderno)

Capítulo Tres

CRECIMIENTO DE LAS PYMES POR SU EVOLUCIÓN

"Mi interés en la vida proviene de establecerme retos enormes, aparentemente inalcanzables y luego tratar de superarlos".
Richard Branson

El camino de un emprendedor o de un empresario, es un camino de aprendizaje y evolución continuo y estos son muy importantes. Por eso, la apatía o la inconciencia a reconocerlos hace que muchas empresas desaparezcan y no vayan al siguiente nivel.

Los visionarios que están detrás de las grandes compañías reconocen a su empresa como si fuera un hijo y por ende, esto demarca una relación vinculante permanente e irrevocable con la empresa, donde rendirse es decir algo así como: "No puedo más, me rindo y acepto que mi empresa o iniciativa se pierda". ¿Puedes imaginar el resultado devastador que esto significará para ti?

Fue hace más de un siglo que el biólogo Charles Darwin

propuso la teoría de la evolución de las especies, la cual está perfectamente enmarcada en la siguiente cita: **No son las especies más fuertes las que sobreviven, ni aún las más inteligentes, sino las más proclives al cambio.**

Luego, en los años 70, el economista y autor David L Birch, del MIT, fue un pionero al reconocer y poner como punto central y destacar el buen trabajo y el impacto de las Pymes y toda su evolución en su libro *The Job Generation Process.*

Lo que más adelante impactó, fue cuando en 1994, el profesor y experto en liderazgo estadunidense Ronald Heifetz, presentó una propuesta interesante en su libro "Liderazgo sin Respuestas Fáciles". Enseñanza que más adelante se fue transformando en lo que hoy se conoce como el Liderazgo Adaptativo.

Es importante contextualizar lo que debe tener cada dueño de una Pyme, reconociendo dos elementos que van juntos, los que demarcarán por qué están y donde están con sus Pymes, en cuanto a tamaño, desarrollo e impacto externo que tienen ahora y la proyección de la compañía hacia el futuro.

Los dos elementos son:

- El tamaño o nivel de madurez de la empresa.
- El nivel de madurez, capacidad directiva y niveles de desarrollo del dueño de la Pyme.

ESTOS ELEMENTOS TE LLEVARÁN A ENFOCAR TU ATENCIÓN EN DOS CAMINOS, DONDE DEBES TRABAJAR PARALELAMENTE

Por una parte, tienes el tamaño de la empresa, la cual te habla de qué tan exitoso has sido en muchos aspectos, también te permite entender, dependiendo del tamaño que hayas alcanzado. Tendrás ciertas necesidades y problemas acordes al momento que atraviese tu Pyme. Por otra parte, tienes el nivel de desarrollo y de evolución que has adquirido voluntariamente o por la demanda de tu realidad contextual y de mercado, que como líder, gerente o dueño de la organización, no puedes dejar a un lado.

En nuestros países latinoamericanos, tendemos a dar lo mejor a nuestros hijos o empresas y en la lógica de la mayoría de los empresarios, saben que deben invertir dinero en inmuebles, instalaciones, tecnologías y mercadeo. Lo que no siempre ven como importante, es el desarrollo paralelo de sus propias capacidades, el crecimiento personal, el desarrollar liderazgo como dueños de las Pymes, y menos aún el invertir en el desarrollo de sus colaboradores, o empleados que están a cargo de los equipos en su empresa.

NIVELES DE MADUREZ DE LAS PYMES

Para abordar y entender de manera más efectiva, los niveles de madurez y crecimiento por los que pasan las Pymes, te presento los tres niveles siguientes:

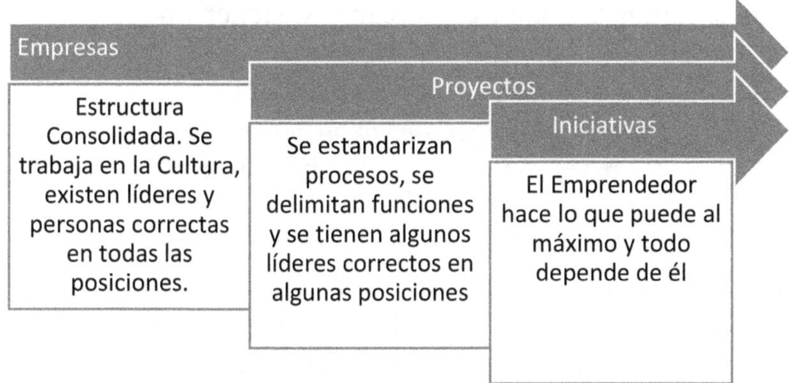

Los tres niveles:

Nivel de Iniciativas: Entran todos los emprendimientos nuevos y las iniciativas que logran sobrepasar los primeros cinco años, pero todo lo importante que se realice suele depender 100% del dueño. Y sin él, la empresa quebraría.

Nivel de Proyectos: Emprendimientos o iniciativas legalmente constituidas, que tienen por lo menos cuatro años de funcionamiento, sus dueños entendieron que para ser competitivos, tenían que ser más profesionales y comenzaron a implementar estándares. En estas empresas, hacer equipos con sus colaboradores comienza a tener sentido, por eso no todo depende del dueño.

Nivel de Empresas: Hablo de las empresas legalmente constituidas que sin importar el tiempo de existencia, ya están estructuradas profesionalmente y tienen establecido un organigrama, el plan de negocios, presupuestos, procesos, funciones, y los líderes y asociados con valor profesional que están empoderados y juntos trabajan por crear y sostener una cultura Ganadora.

"Cada problema es un regalo, sin problemas es imposible crecer"
Anthony Robbins

Como resultado de mi interacción con muchos emprendedores y empresarios de muchos sectores, alineado a mis estudios e investigaciones, encontré que cada nivel de madurez de las Pymes tiene sus propios problemas, y que una vez estén resueltos estarán listos para evolucionar hacia el siguiente nivel. Encontré también la particularidad, de que la mayoría de las problemáticas que enfrentan las Pymes en sus tres niveles de madurez, corresponden o se pueden enmarcar en lo que he llamado: LA CUADRINIDAD DE LAS CRISIS EVOLUTIVAS.

Matriz de Cuadrinidad de las Crisis Evolutivas

Analicemos las cuatro cuadrinidades y su relación con los niveles de madurez de la Pymes.

Producto: En el nivel uno de evolución, el de las iniciativas; el producto o el servicio que se ofrece ocupa la centralidad en cuanto al éxito o al fracaso de la iniciativa. Es importante lograr una alineación entre producto o servicio correcto, imagen o presentación correcta, calidad correcta, precio correcto y momento correcto.

Personas: En el nivel dos de evolución que es el de los proyectos, las personas comienzan a tomar relevancia y centralidad, ya que han crecido hasta un nivel, donde no se puede depender solamente del emprendedor y se comienzan a sumar colaboradores, aunque normalmente no se consiguen los correctos y a su vez, el dueño de la empresa no siempre está listo para crecer en cuanto a su liderazgo y les cuesta confiar, delegar o entrenar correctamente a los otros, pero no puede dejar el negocio solo, y no logra que las personas hagan las cosas como el emprendedor lo sabe hacer. En otras ocasiones, el dueño tiene recelo de soltar o compartir cierta información por miedo a que se la roben.

Procesos: También entran en el nivel dos de evolución de las Pymes; se trata de que la empresa está creciendo y el dueño no puede estar en todas partes. Tienen mayores pedidos y necesitan aprender a delegar en otros para que se hagan las gestiones correctamente. Como no pueden estar vigilando a las personas en los locales, o en los turnos, debe entonces definir las funciones, estandarizar los procesos y comunicarlos para que todo se haga de una manera efectiva y así, cuidar la marca, respondiendo a las demandas del mercado y a satisfacer positivamente a los clientes.

Potencialidad: En el nivel tres de la evolución de las empresas, una vez que has trabajado lo mejor posible, en los primeros elementos de la matriz, comienza a tomar centralidad el factor de la potencialidad para garantizar que estás listo como empresa para generar crecimiento, consolidarla, posicionarla y sostenerla.

La potencialidad se refiere específicamente a dos elementos que determinarán de manera definitiva, si pasas hacia el siguiente nivel, y que son:

El Respaldo: Capacidad financiera, estratégica y de ventas.
El Liderazgo: Capacidad de visionar, comunicar, alinear, ejecutar, innovar y generar consistencia y coherencia.

El Camino Por Seguir: Una vez que tienes conciencia de los niveles de evolución de las Pymes, y de las necesidades y capacidades que cada nivel demanda para seguir hacia adelante con tu empresa. Debes entender que el crecimiento de tu empresa y la velocidad con la que lo logres, junto con el tiempo de permanencia, dependerá de la respuesta a los tres siguientes interrogantes:

- ¿Qué tan comprometidos estamos con el reto de volvernos expertos, y responder a los desafíos enmarcados en la matriz de la cuadrinidad?

- ¿Qué tan poderosa, inspiradora y transformadora es la visión y el propósito de tu empresa, como para apasionarte y comprometer a otros al máximo?
- ¿Qué tan dispuestos estarás para hacer lo que sea necesario, para siempre estar creciendo y desarrollarte como persona y ser un líder?

A la vez que te dirás. ¡NUNCA, NUNCA Y NUNCA ME RENDIRÉ! Sino perseveraré para adaptarme y resolver los desafíos o problemas que vengan, de tal forma que estaré listo para el siguiente desafío.

Capítulo Cuatro

EL PODER DE LAS ESTRUCTURAS

"El tamaño y la velocidad con que crezca una organización, dependerá de la calidad de sus líderes y de que todos los involucrados estén alineados a una misma estructura"

Carlos Eduardo Sarmiento L.

En el camino de experimentación y aprendizaje propio de todos los emprendedores, dueños de negocios y gerentes, siempre vendrán momentos de frustración, acompañados de sentimientos de incapacidad. En esos momentos críticos, es posible que a sus mentes lleguen estas dudas:

- No sé exactamente cómo resolverlo.
- ¿Qué es lo que tengo que hacer para salir de esto?
- Realmente, no me siento capaz.
- Quisiera dejarlo todo y rendirme...
- Al menos, lo intenté.

Con los años de experiencia personal, sé que la gran

mayoría de las veces, uno se siente solo y los problemas muchas veces nos agobian y nos frustran. Y más para las empresas que eminentemente tienen que cerrar, y esto no sucedió por falta de ganas del emprendedor.

Siempre hay una intención positiva y correcta en todos nosotros, en cuanto a lo que hacemos, pensamos, sentimos y hablamos; esa intención y acción es directamente proporcional al nivel de desarrollo y liderazgo personal con que contamos.

Alan Mulally, ex Ceo de las empresas Boeing y presidente de la Ford Motor Company, y ahora miembro de la junta directiva de Google, dice: Que los mejores resultados en las empresas y sus equipos, sin importar en que época estés viviendo, se puede lograr al alinearte a ESTRUCTURAS EXTERNAS, respetándolas y honrándolas, sin importar que cargo desempeñes o quién eres. Simplemente debes alinearte y conectarte a la estructura de la empresa, en cuanto a visión y propósito, comprometiéndote con sus mismas metas, porque esto es lo que realmente te preparará para el siguiente nivel.

Cuando Mulally fue contratado por la *Ford Motor Company*, para que sacara a la compañía de una crisis. Mullany no trajo consigo estrategias innovadoras, o secretos mágicos. Él estaba firmemente convencido de que era necesario que todos se sometieran al proceso de la compañía. De ese modo, al tener las mismas estructuras todas lograrían cosas increíbles, de otra forma no lo lograrían.

La estructura es aquella herramienta mágica, que tiene todo director (o Líder). Es lo que hace que haya una gran diferencia en una orquesta, un equipo de futbol, o una

junta directiva, ya que sitúa a todos en la misma dirección.

La ESTRUCTURA es algo tan poderosa que es mucho más valiosa que contar simplemente con estrellas individuales en tu equipo.

Carlos Eduardo Sarmiento L.

A continuación les comparto una metáfora para entender más a fondo, lo que son las ESTRUCTURAS:

Pensemos en la construcción de dos grandes rascacielos que existen: **El Burj Khalifa** en Dubái de 163 Pisos y el **Shanghái Tower** en Shanghái de 128 pisos. Cuando se quiere construir o establecer una obra increíble, extraordinaria, o alguien quiere alcanzar un resultado, tiene que pensar en juntar tres recursos específicos y únicos. Los cuales también son muy importantes para garantizar a largo plazo la sostenibilidad y la subsistencia; el primero, en nuestro caso, es el líder o dueño de la empresa, ~~el~~ segundo es la estructura, que es el tema de este capítulo, y el tercero son los jugadores o el equipo.

Los tres Recursos:

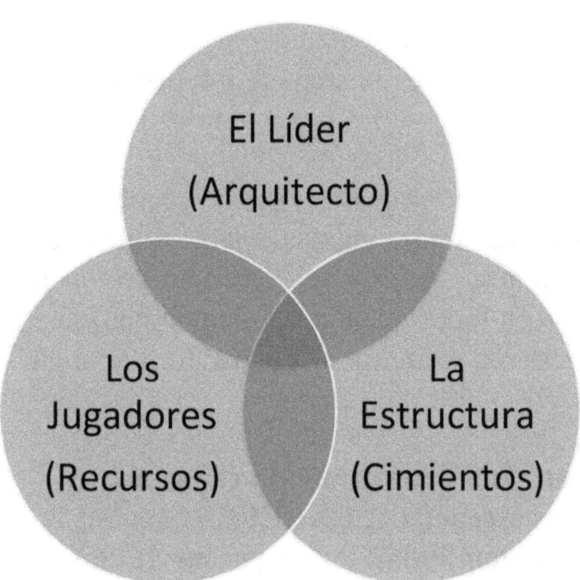

Traslademos esta metáfora de los edificios, a las Pymes. El arquitecto, es el dueño del negocio y depende de su capacidad y nivel de liderazgo para manejarla. Para lograr grandes empresas se necesitan líderes de nivel cinco, así como para diseñar estos edificios se requieren arquitectos de nivel cinco, como lo es Adrián Smith, el arquitecto que diseñó el edificio Burj Khalifa en Dubái. La estructura de los edificios, son los fundamentos que sostienen todo el proyecto. El suelo, las estructuras de cimientos y arquitectónicas donde se juntan y alinean todos los materiales que utilizarán. En las empresas, las estructuras, equivalen a todas las formas de cómo se deben hacer las cosas, y como se respetan y mantienen los estándares que les mantendrán siempre en pie y en mejora continua.

Los Jugadores, en el edificio, equivalen a ser los recursos materiales que se necesitan, o sea todos los materiales de construcción y acabado necesarios para construir y terminar el edificio. En las empresas, están representados por las personas, colaboradores y los procesos que existen al interior de las empresas.

Las estructuras, son las metodologías y sistemas conectivos que usarán las personas de una empresa, para solucionar problemas, tomar decisiones, facilitar el crecimiento y el desarrollo de las personas en todas las áreas de la compañía; lo que pondrá a la empresa en camino a la madurez y a la excelencia.

La estructura, es la única herramienta capaz de comunicar, mantener y sostener LA EXCELENCIA Y LA IMPECABILIDAD que demandan las empresas de clase mundial.

A partir de esta parte del libro les compartire la estructura que diseñé, la cual he llamado el **SAN. Sistema de Aceleración de Negocios.**

Capítulo Cinco

SAN EL SISTEMA DE ACELERACION DE NEGOCIOS

"Si quieres enseñar a la gente una nueva forma de pensar, no te molestes tratando de enseñarles. En lugar de hacerlo, dales una herramienta, cuyo uso los lleve a nuevas formas de pensar".
Buckmister Fuller

Al caminar en el mundo de la capacitación, el entrenamiento, el desarrollo personal, el coaching, la mentoría y desarrollo organizacional durante los últimos 20 años, llegué a la conclusión principal de que las personas no necesitan más teorías de *management*. Lo que realmente requieren son cosas sencillas, prácticas y tener la confianza de saber que van a funcionar.

Es posible que hayas asistido a un taller, conferencia o

seminario sobre algún tema, te aseguro que puedes recordar si fue divertido o aburrido, o si el conferencista fue bueno o malo; lo que posiblemente no recuerdes es, qué aprendiste, ni puedes garantizarme que utilizaste la informaciòn en tu cargo o en tu empresa y mucho menos decirme que funcionó y que no.

Tengo que honrar aquí a mis mentores principales, en cuanto al poder de las estructuras y de la transformación real, en el desarrollo empresarial. Por eso hago un reconocimiento a Alan Mullaly, Marshall Goldsmith y Buckmister Fuller, quienes me enseñaron y comprobaron que en el mundo real no se trata de qué tan bueno o malo es el maestro, ni de si es divertido o muy conectivo en cuanto a lo emocional y la palabra, aunque eso tambièn es importante; sino que lo que queremos realmente y necesitamos son buenos RESULTADOS y que sean con el tiempo sostenibles y mejorables. Y el Reto de un gran Lider en una compañía, y uno de los beneficios de implementar el SAN, es aprender como al definir ciertas conductas y patrones conectados a una estructura hace que todo sea más sencillo, práctico y relevante de tal forma que podamos siempre llevar todo lo que aprendamos a nuestra realidad diaria en las Pymes.

Personalmente, tengo que confesarles que, la principal razón por la cual creé mi propio modelo y me impuse el reto de compartirlo a través de este libro, fue: Porque me estrelle contra una barrera, cuando trabajaba para la empresa internacional que representaba, cuyos procesos y resultados son muy significativos. Pero, que al persistir en generar querer cambios de cultura y jornadas de concientización con los emprendedores y los empresarios latinos, me frustré de muchas formas, debido a las tres barreras que el comun de los empresarios ponía, frente a nuestra propuesta y metodología desde aquella empresa:

- **El precio.** En Latinoamérica la pregunta mas comun es: ¿Cuánto cuesta este maravilloso proceso? Y luego de darles el precio las respuestas eran cosas como: Humm... esta muy bueno pero es muy costoso y... ¿a cuántas personas afectaré en mi empresa? Y la respuesta era solo a UNA, y ahí entonces terminaron muchas negociaciones.

- **El tiempo:** ¿Cuánto tiempo va a durar? Los procesos duraban de 6 meses a dos años, para poder generar cambios profundos y sostenibles. La mayoría de las personas en Latinoamérica, aún no saben o no tienen la conciencia del "poder de proceso". Entonces buscan opciones rápidas, económicas, divertidas, emocionales y que afecten al mayor número de colaboradores, para obtener mejores cifras que mostrar.

- **La transferencia al puesto de trabajo:** Cuando uno es un consultor, conferencista, coach, o un facilitador de procesos de formación y desarrollo, busca ser lo más pedagógico, conectivo y profundo posible, en los cortos espacios de tiempo que se nos permite interactuar. En ese lapso si les quedan claros dos o cuatro conceptos, es que lo hiciste extraordinariamente. Pero cuando los participantes vuelven a la realidad laboral, no tienen tiempo para compartirlos, ni ponerlos en práctica. Los apuntes quedan archivados, entonces no sabran cómo lograr que lo aprendido se lleve a la realidad[2]. y luego todo se olvidara.

¿Por qué necesitamos la estructura del SAN?

Cuando escribí este libro, no busqué sacar al mercado otro libro de *management* para saturar con más conocimientos a las personas. Realmente, mi compromiso y lo que busco, es ser un POSIBILITADOR y un detonante real para su crecimiento personal y el de su Pyme, a partir de entregarle PODEROSAS HERRAMIENTAS, conectadas a una sola estructura llamada SISTEMA DE ACELERACION DE NEGOCIOS, **SAN**.

De ninguna forma pretendo decirle cómo hacer las cosas en su empresa. Lo que si les puedo decir es que la estructura del SAN, funciona bien en todos los tipos de negocios y en todos los sectores de la industria.

Con mi propuesta del SAN, les puedo conectar a un sistema efectivo de dirección, liderazgo y gestion efectiva para pequeños negocios, que les ayudará en el camino de transformación a su empresa a un nivel cinco, y que como resultado se genera una cultura ganadora.

Lo más potenciador de tener una ESTRUCTURA ÚNICA y

---

[2] Frente a este tema encontramos un gran aporte en el libro Saber y Hacer de Kem Blanchard, Dick Ruhe y Paul J Meyer, publicado por editorial norma en español.

común como el SAN, es la alineación con una simplicidad potenciadora manifiesta, para cualquier dueño de una Pyme. En cuanto a un buen funcionamiento, conectado a un crecimiento de esta con las mejoras de las utilidades del negocio.

Para visualizar Los beneficios de la estructura, miremos lo que la CEO de Futurethink Lisa Bodell dijo en su libro "Simple", ella escribio brillantemente: **"Escape de las trampas de la complejidad y trabaje en lo que es realmente importante".**

Como he podido interactuar y conversar con dueños de Pymes, regularmente me encuentro con los siguientes tres tipos de empresarios:

1. A los que simplemente les interesa que sus negocios funcionen y les dé algo de dinero, haciendo un mínimo esfuerzo.
2. Los que han hecho lo mejor posible y han dado lo máximo de ellos a su empresa, sacrificando incluso el tiempo con su familia, para poder sostener la empresa y hacerle un generador de ingresos.
3. Y los expertos, que son aquellos que se han preparado y se preocuparon por tener màs estudios, y los que han invertido en procesos de certificación en normas ISO, entre los cuales hay varios que tienen MBA y varios que ya han logrado empresas rentables.

Cuando les hice algunas preguntas, lo que advertí es que el deseo de los tres grupos es el mismo.
Preguntas y respuestas:

– ¿Quieres que tu empresa progrese?
– Sí, yo quiero hacer crecer al máximo mi empresa.

– ¿Puedes disponer de recursos para ampliar tu negocio?
–No, yo tengo los recursos necesarios.

– ¿Sabes cómo expandirte a nivel Global?
– No tengo el conocimiento necesario.

– ¿Tienes las prioridades correctas en tu empresa?

-Bueno cuando ya pensaba que lo sabía manejar casi todo, se presentó una crisis y todo cambió. Ahora no tengo realmente claro, qué es lo realmente importante, y no siempre sé qué hacer.

El Sistema de Aceleración de Negocios, SAN, funciona perfectamente en empresas pequeñas, incluso con empresas de más de 200 empleados.

Estoy seguro que el dueño de negocio o emprendedor, que realmente comprenda y se comprometa a poner en acción el SAN en su compañía, se sorprenderá de todo lo que logrará y se convertirá en su modelo favorito, para poder direccionar y potenciar su empresa.

EL MODELO DEL SAN
SISTEMA DE ACELERACIÓN DE NEGOCIOS

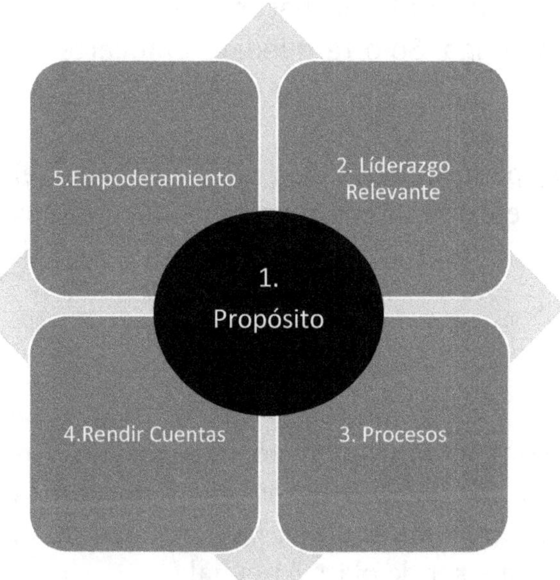

Advertencia para los dueños de los negocios:

Si eres dueño de una empresa y no estás contento con los RESULTADOS actuales que tienes, las proyecciones posibles no están claras, entonces, solo tienes tres caminos por los cuales optar.

Camino 1: Ser un Gestor de cambio, entrenarte, empoderarte, hacer lo suficiente por el tiempo necesario, hasta lograr manifestar la realidad que tú quieres tener.

Camino 2: Renunciar a ver la nueva realidad o visión de tu empresa, salir de ahí y volver a empezar desde cero, en otro lugar o contexto.

Camino 3: Asumir voluntariamente no hacer nada y aceptar todo como está y como venga. Solo te quedará enfocarte en criticar, juzgar y quejarte.

El **SAN** solo es viable, para aquellos que eligen transitar el camino 1 y 2. Así que, si eres un líder y quieres caminar en los dos siguientes escenarios, este libro y este sistema es para ti. Bienvenido!

Precio del Éxito:

'AN, llevado al interior de cualquier empresa en nuestros 's latinoamericanos, es como abrirles los ojos y mostrarles lidad del precio que impslica decir sí, para caminar en el 'e llevar una empresa a ser de clase Mundial.

nanejar un proceso de gestión del cambio, al interior uier empresa o grupo humano, es un proceso so que tomará tiempo. Para lograr resultados 'os y alcanzar a movilizar todos los engranajes de a hasta crear el MOMENTUN, tomará un mínimo por eso le apuesto a la ley del Proceso.

Es totalmente viable que cualquier dueño de empresa, estudie este modelo y trabaje duro en su aplicación, con el cual puede lograr grandes resultados por sí mismo. Aunque es demasiado potenciador e importante que ojalá te pudieras apoyar en el acompañamiento profesional de un COACH DE RESULTADOS, o en un Mentor; o tambien el ser parte de un grupo de MENTES MAESTRAS, donde te conectes con otras personas que le apuestan a cosas extraordinarias porque creen en sus ideas, su gente y su empresa.

Seis poderosas razones para aprender e implementar el SAN en las PYMES.

El SAN nos permite:

I. Que todos tengamos la misma cosmovisión.
II. Nos otorga claridad total.
III. Empoderar a los demás.
IV. Hacer lo correcto y lo prioritario.
V. Hacerlo durante el tiempo correcto y necesario.
VI. Promover el desarrollo personal, grupal y enfocarnos en la innovación.

En cada capítulo de aquì en adelante desarrollaré más a profundidad, cada uno de los 5 elementos centrales del SAN. Al finalizar cada capítulo encontrarán una o màs herramientas prácticas de aplicación e implementación real para su empresa.

Elemento Uno del Sistema de Aceleración de Negocios- SAN

Capítulo Seis

EL PROPÓSITO

"Las personas que trabajan juntas para un gran propósito, no tienen tiempo para discutir asuntos triviales".

Rick Warren

El elemento número uno del Sistema de Aceleración de Negocios – SAN, es el Propósito. La mayoría de los emprendedores o dueños de Pymes, no han podido entender el potencial cohesionador y movilizador, que es tener UN PROPÓSITO COMÚN.

En la historia de las personas que crean empresa, no es comùn que se tome el tiempo suficiente, o que se asesore para comenzar redactando un propósito firme y posibilitador, antes de comenzar la empresa, de tal forma que le impulse a si mismo y que luego sea compartido e implementado con todo su equipo de trabajo.

En el caso de los emprendedores que inician sus negocios a través de una incubadora de empresas, o como parte de un proyecto final de emprendimiento universitario; es posible que estos hayan sacado tiempo para hacer un plan de negocios y escribir la visión y misión de la empresa y tambièn definieron sus valores corporativos. Pero la realidad es que estos enunciados, por bonitos que parezcan, no siempre son lo suficientemente poderosos para movilizar y mantener comprometidos a todos los miembros de una empresa. Afortunadamente, si hoy no tienes un propósito, no importa. Porque a travès de la implementaciòn del SAN te apoyamos en esa iniciativa.

Mi propuesta de este modelo y todo lo que les comparto en este libro, es pensando para empresas que tengan por lo menos 3 años de funcionamiento, y que hayan pasado por crisis significativas, que les haya hecho replantearse cosas sobre su rumbo, estrategias y decisiones.

El Poder De Un Propòsito

El Propósito, es el enunciado más importante que cualquier persona o empresa debe tener, si realmente quiere cumplir con su destino y ser genuinamente relevante en su sector o entorno.

Para profundizar más en el tema del Propósito, consulte el libro "El Poder del Propósito" del mismo autor.

Las empresas de clase Mundial cuentan con un Propósito claro y significativo, además se lo han comunicado a sus asociados. En cuanto a esto podemos nombrar a empresas como:

Southwest Airlines
Zapos
Google
Amazon
Starbucks
Apple
Walt Disney
Virgin Group
General Electric

Pensando en el impacto de un propòsito como elemento cohesionador tambièn podemos evaluar el fenómeno de las megas Iglesias Cristianas a nivel mundial, que son un tipo de empresas u organizaciones que han manifestado un crecimiento increíble en los últimos años, y al estudiarlas encontrarás, que estas iglesias también hicieron un gran trabajo en desarrollar su PROPÓSITO; así lo verifican expertos consultores internacionales eclesiales como Will Mancin y Eugene Peterson.

Para verificar la gran centralidad y la importancia fundacional que tiene el establecer un PROPÓSITO SINGULAR y profundo, podemos ver la propuesta del Circulo Dorado de Simon Sinek en YouTube.

Los Propósitos más significativos son tan poderosos, profundos y mágicos que inspiran, motivan, movilizan y conectan con la mente y el corazón de todos los que tienen que ver con él.

Los tiempos que estamos viviendo son interesantes; tenemos abundante información, máxima tecnología e ilimitadas posibilidades. Y si quieres empezar o mejorar tu empresa, y puedes ver cómo la realidad del día a día, en relación con la tradicional PLANEACIÓN ESTRATÉGICA, no es suficiente. Y aunque es importante hacer planes, yo propongo fundamentar nuestra iniciativa o mejorar en algo más grande como lo es el PROPÓSITO.

Estás presente e inmerso en un Mundo, con un contexto de negocio absorbente, agresivo y veloz. Donde gana el que más resista, el que más rápido lo haga, el que demuestre más valor y el que sea capaz de generar mayor conectividad emocional con sus clientes actuales y potenciales.

"Hay muchas malas razones para empezar una empresa. Pero solo hay una buena razón y creo que sabes cuál es, para cambiar el Mundo".

Phil Libin

LOS TRES DETONANTES DEL PROPÓSITO PARA LA EMPRESA

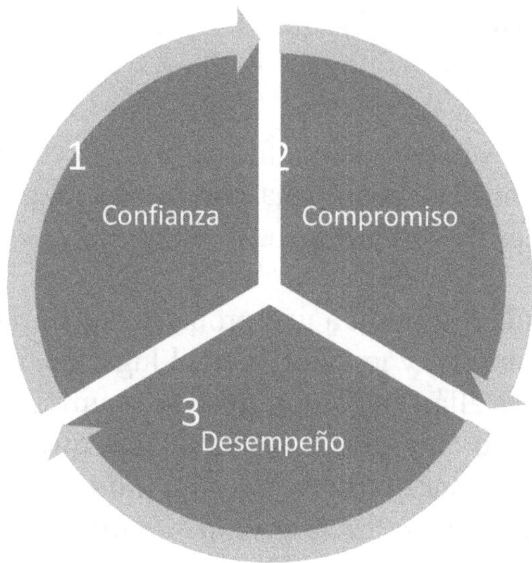

El poder del propósito, lo dimensionas cuando entiendes que el PROPÓSITO es el eje central del discurso para crear UNA CULTURA GANADORA, y cuando ésta se sostiene en un Liderazgo Relevante para toda la organización, te permitirá manifestar los tres detonantes del propòsito y recordar su gran impacto. Los tres detonantes son: Confianza, compromiso y desempeño.

1. La Confianza: La confianza es un elemento vital y obligatorio, en cualquier tipo de relación significativa, y el mundo de la empresa no es la excepción. La confianza es un elemento intangible que no se puede comprar, ni vender. La confianza se gana y se inspira al contruir una reputacion personal y grupal de decir la verdad, y de cumplir las promesas a nosotros mismos y a otros. Cuando una empresa tiene un PROPÓSITO TRASCENDENTE, les comunica a sus colaboradores que sus intereses van más allá, de solo generar dinero para los dueños de la empresa.

Un propósito trascendente siempre está enfocado en generar un valor de impacto significativo en un entorno, una población o a la erradicación de algo que les hace daño a las comunidades.

El propósito genera confianza, porque envía un mensaje que dice:

Creemos en algo más grande que nosotros mismos, por eso estamos aquí para quedarnos, y estamos comprometidos a fondo, con quienes hacen parte de nosotros.

2. Compromiso:
Una vez que se ha instaurado la confianza, y se ha comunicado con éxito el propósito trascendente; se acompaña con un liderazgo relevante, entonces aumentan los niveles de compromiso.

El compromiso, es la respuesta a una promesa de confianza y amor, cuando recibes respeto, te honran y te valoran en el lugar de trabajo entonces, estás inspirado para ir más allá. Tu compromiso se manifestará al dar lo mejor de ti a los demás, y a tu empresa. Esto significará que les envías a todos los colaboradores un mensaje que dice: ***Creo en todo esto y en ustedes, por eso pueden contar conmigo por encima de los límites normales.***

3. Desempeño: El buen desempeño, es un elemento vital para cualquier compañía que anhele acceder al máximo potencial, de cada uno de sus colaboradores, para lograr ser excelentes y competitivos en un mundo como el de hoy y del futuro.

Lo maravilloso del desempeño es que es un natural resultado de la presencia de tres cosas: Confianza + Compromiso + Un Liderazgo Relevante. En el fondo todo es inspirado y sustentado sobre un PROPÓSITO TRASCENDENTE.

¿Quién debe redactar o crear el Propósito?

Es muy importante entender que el Propósito, debe nacer del fundador o creador de la empresa, normalmente los fundadores de compañías, que le han dedicado tiempo y dinero a la creación de un Propósito Inspirador. Han podido verificar y disfrutar de grandes ventajas y de mejores resultados, como consecuencia de apostarle a algo más grande, que va más a allá del dinero.

¿Después de tener claro y redactado un gran Propósito, qué viene

después?

El Propósito no es poderoso en sí mismo, así sea bonito o significativo. El Propósito es un gran combustible invisible, que debe ser manifestado en la esencia del dueño de la empresa, que se debe convertir en un gran comunicador, para luego transmitirlo persistentemente a todo su equipo a manera de historias y anécdotas.

El Propósito debe ser comprado emocional y mentalmente por todos los miembros de la empresa, de tal forma que se convierta, como en el ADN de cada miembro de la empresa. A partir de ahí el Propòsito será un factor fundamental a la hora de contratar nuevos miembros o colaboradores para la empresa; como tambièn a la hora de prescindir de algunos colaboradores.

Nota: A continuaciòn le proponemos una forma de trabajo para la construccion de su propòsito

Herramienta 1
Matriz de Descubrimiento de Propósito

¿Qué, realmente, quieres lograr con tu producto o servicio?	
¿Cuáles son las 3 razones más significativas del porqué tu empresa existe?	
¿Cuál va a ser el legado o aporte diferenciador y único de tu empresa, en relación con tu producto o servicio a la humanidad?	
¿Cuál es su discurso de conectividad emocional para sus clientes y cuál para sus colaboradores?	

¿De qué forma, el propósito de su empresa refleja su filosofía de vida y honra los valores de su empresa?	
¿De qué manera su éxito empresarial, va a manifestarse o beneficiar al entorno donde funciona tu empresa, o que población será beneficiada?	
Enunciado de Propósito A	
Enunciado de Propósito B	

Nuestro Propósito Final:

Elemento Dos del Sistema de Aceleración de Negocios

SAN

Capítulo Siete

Líderazgo Relevante

"El liderazgo, es la capacidad de crear un entorno común, al que los demás quieran pertenecer, mientras en el camino, el empresario libera el potencial personal y colectivo de los otros, para que todos trabajen por un reto inspirador".

Carlos Eduardo Sarmiento L.

El liderazgo, en los últimos años ha sido un tema muy nombrado y aún parece sostenerse como una moda en cuanto al *management.* En mi criterio personal está un poco mal entendido; pero lo que no podemos negar es que si necesitamos de un genuino liderazgo en todas las áreas o roles de la humanidad, y el contexto de las Pymes no son la excepción.

He trabajado con compañías, donde entrenaba o capacitaba a sus colaboradores. Yo lo hacía con la mayor excelencia y compromiso posible, pero tristemente, a los dos o tres meses, lo que les había enseñado ya no existía; la cultura de la empresa les absorbía, asi como el día, a día con el lema de TODO ES IMPORTANTE, URGENTE Y PARA HOY, los atacaba continuamente.

He trabajado con gerentes de grandes compañías, y hemos podidor ver los avances y cambios en cuanto a los programas de coaching gerencial, pero una vez terminado el proceso, al mismo tiempo la cultura organizacional los absorbe, y esto la mayoría de las veces les impide poner en acción muchas de las cosas o ideas que aprendieron o sostener las pocas que implementaron.

También, he trabajado en potenciar a emprendedores o dueños de

Pymes, y he terminado frustrado, debido a que con estos maravillosos seres humanos suelen pasar dos cosas:

La primera: Que, al comienzo compran la idea de la transformación de su empresa, de la liberación del potencial de su gente, para juntos convertirse en una empresa de clase Mundial. Pero con el tiempo se frustran y el proceso termina bruscamente porque el líder: No tiene tiempo suficiente, ni realmente piensa pagar el precio necesario para ser el ejemplo, y cumplir con todas las tareas o retos que involucra un proceso de desarrollo de liderazgo y de gestión del cambio.

En la vida real, importan más las urgencias y necesidades del HOY de la empresa, y los dueños tienen algo de conformidad, al pensar: Pero si estoy bien, estoy ganando dinero, voy creciendo, o siempre he hecho las cosas así, la verdad es que lo que me pide el coach es un reto bonito, pero lo cierto es que esas cosas deben ser posibles en otros países y culturas, pero aquí no.

La segunda: La empresa es familiar, o tengo socios, y normalmente solo a uno de los socios le interesa y le hace resonancia la posibilidad de trabajar por la excelencia, el legado y en el largo plazo la sostenibilidad de la empresa y a los demás no. Entonces los procesos de cambio se ponen lentos, si el apasionado e iniciador del cambio no tiene desarrollado un fuerte liderazgo, entonces la fuerza de los demás terminará por ganar la partida.

En este mismo punto, encontré a dueños de empresas realmente cansados, frustrados y adicionalmente desgastados, trabajando más que los demás dentro de su empresa. La mayoría de las veces, esta saturación de trabajo termina pasándole una gran factura en cuanto a su salud, y aùn generando en algunos casos que su matrimonio y familia colapsen. Porque no se tuvo tiempo suficiente para estar con ellos.

Todo esto se debe a la CARENCIA DE UN LÍDERAZGO RELEVANTE, en las cabezas principales de las organizaciones, y de ninguna manera es diferente en las Pymes, o en los emprendimientos. Siempre las empresas y los equipos crecerán al nivel en que crece el dueño o el fundador.

Es importante entender que cuando me refiero al Liderazgo Relevante, no me refiero solo a la capacidad o competencias que te ayudan a mejorar el desempeño, impulsar el crecimiento o aumentar la rentabilidad de las empresas. El Liderazgo Relevante, comienza siempre con la persona más importante como lo es el dueño de la empresa. El liderazgo le direcciona hacia un rumbo donde el equilibrio en todas las áreas de la empresa y de su vida son importantes.

¿Qué es el Liderazgo Relevante?

Puedo afirmar con seguridad, que tengo tal vez una de las bibliotecas personales màs grande, sobre temas de liderazgo, coaching, desarrollo personal y desarrollo organizacional de Latinoamérica. He venido aprendiendo liderazgo de los mejores y más grandes expertos en el Mundo como: Sthepen Covey, James M Kouzes, Barry Z. Posner, Dave Ulrich, Bill George, Peter Senge, John Zenger, Joseph R. Folkman y Kem Blanchard.

Pero debo reconocer que en mi proceso de aprendizaje personal, me encontré con una gran brecha, ya que muchas prácticas de las más significativas que proponen los expertos globales, al compararlas con la realidad latina, me producían una gran frustración personal, debido a que era muy poco, lo que de esas practicas se veía aplicar o practicar de forma real y continua en el mundo empresarial latinoamericano, pensando en el comun de las empresas.

Para mí, el liderazgo es real cuando lo veo y lo siento al conectarme con seres humanos que creen y lo viven en sus vidas personales y que lo honrán en sus lugares de trabajo, al honrar y empoderar significativamente a los otros.

El LÍDERAZGO RELEVANTE, es la capacidad personal que ejercemos voluntariamente de entrenarnos, mostrarnos y hacernos cargo de los RESULTADOS en cuanto a tres dominios.

Los Tres Dominios:

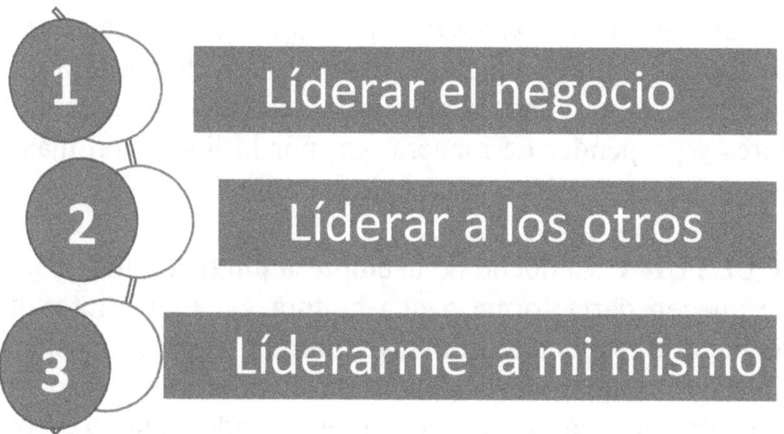

En resumen, el Liderazgo Relevante es: **La capacidad personal de elegir voluntariamente, prepararse y entregarse en SERVICIO a los demás, en pro de honrarse a sí mismo, para influenciar e inspirar a los demás y llevar a la empresa a los mejores niveles, como resultado de la maestría en 3 cosas: Alineación, Ejecución y Coherencia.**

LAS CINCO FUNCIONES DE UN LÍDER RELEVANTE

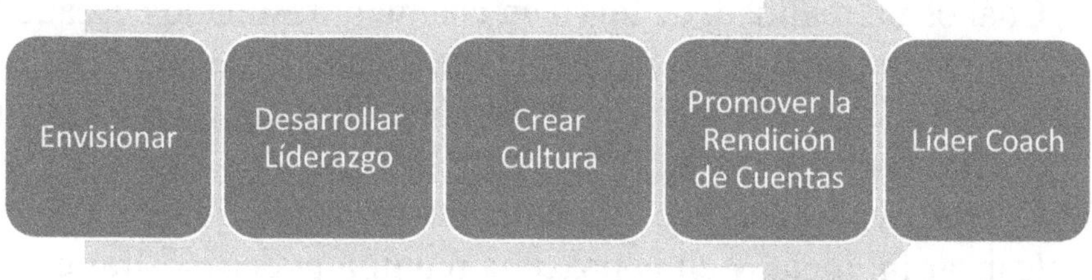

A continuaciòn nos acercamos a cada una de las cinco funciones:

ENVISIONAR: El concepto de envisionar significa trabajar por algo, más allá de la visión, es decir, que el líder debe ser tan efectivo en su comunicación que logre conectar a todos con la visión y el propósito de la empresa, de tal forma, que todos quieran accionar y comprometerse en pro de esa visión.

DESARROLLAR LÍDERAZGO: Aquí hablo de la capacidad de ser un líder de nivel cinco; que es aquel que es un desarrollador de otros. Se trata de sacar tiempo, para conocer de forma cercana, a cada uno de tus colaboradores y propender de manera real por la liberación máxima de su potencial personal en pro del equipo y de la compañía.

CREAR CULTURA: El dueño de la empresa junto con los líderes, son los únicos que pueden darle forma a una cultura ganadora. La cultura es el poder invisible que realmente promueve, premia, castiga y sostiene todo lo que se habla, se siente y se evidencia en el interior de la organización, normalmente esto no está escrito, pero afecta a todos. Dicho de otra forma, es la posibilidad de tener unos estándares mínimos y comunes de liderazgo, en todos los niveles o departamentos de la empresa.

PROMOVER LA RENDICIÓN DE CUENTAS: La rendición de cuentas, es a mi parecer y experiencia el ARMA SECRETA más valiosa con que cuentan los empresarios a la hora de querer desarrollar equipos ganadores y empresas de clase mundial. La rendición de cuentas es la práctica voluntaria y frecuente de reunirnos en espacios que sean rápidos, prácticos y dinámicos para contestar cuatro preguntas:

- ✓ ¿Cuál es el resultado o la meta con que estas comprometido?
- ✓ ¿Cuál es mi realidad, de logro en cuanto al resultado deseado?
- ✓ ¿De qué me hice cargo, o de qué me di cuenta de que debo corregir? Es decir, cual crees que es la razón o circunstancias por las cuales no se alcanzó el resultado.
- ✓ ¿Qué apoyo específico necesito de mi líder, jefe o gerente para alcanzar mi meta, y en la próxima reunión poder mostrar el resultado deseado?

Una Nueva Forma de Liderar:

EL LÍDER COACH: Con ser líder coach; me refiero a la forma de gestión y supervisión correcta para mejorar el desempeño, lograr el empoderamiento, promover la innovación y mantener el máximo compromiso, aún por encima de los resultados no deseados.

El líder coach se debe manifestar a través de cuatro prácticas específicas:

- Diseñador de futuro.
- Gestor de emociones.
- Director de conversaciones potenciadoras.
- Posibilitador a travès de un *feedback* con acompañamiento y seguimiento.

El Liderazgo, es el factor detonante número UNO del SAN, sin liderazgo relevante lo demás se cae, no se sostiene y no se proyecta. Por eso es tan importante que en el dueño de la empresa, haya una conciencia clara de la importancia de desarrollarse y entrenarse como líder. El lider es la única persona que puede demarcar el camino correcto para la empresa, el líder es el que ayuda a crear en conjunto, las metas, el que genera estrategias y es el pegamento que sostiene todo en movimiento.

Todas las respuestas a las inconformidades del dueño de la empresa, de sus colaboradores, proveedores y clientes, está en la capacidad que tenga el líder de entrenarse, desarrollarse y hacer el trabajo necesario para entregarle a todos, el detonante del compromiso y la confianza, que es la CLARIDAD TOTAL que comienza con el Propósito y continúa con el Envisionar.

"No serás un gran líder si quieres hacer todo por ti mismo, o sólo obtener el crédito de ello".

Andrew Carnegie

Herramienta 2

Diagnóstico de Liderazgo Relevante

Escribe un email a carloseduardoscoach@gmail.com, con tu nombre, cargo, nombre de su empresa, el número de colaboradores, el país donde está localizado y donde compró el libro. Recibirá un email con EL ENLACE, para aplicar el diagnóstico de liderazgo relevante, y sabrá de primera mano como está y que áreas de oportunidad existen, para que luego diseñe su propio plan de acción.

Herramienta 3
Matriz de Envisionar

Tu Propósito
¿Cuáles son las 7 metas y retos en el año?
¿Cuáles son los 4 valores regulatorios de tu Grandeza Empresarial?
¿Cuál es el Foco Central del Negocio?

¿Cuáles son tus 4 estrategias diferenciales y Ganadoras?
¿Cuáles son las Metas Mensuales?
¿Cuáles son las acciones de máxima rentabilidad

de tu cargo?
¿Cuál es la Lista de cierre o pendientes que te limitan para Crecer y Generar Resultados Extraordinarios?

Elemento Tres del Sistema de Aceleración de Negocios

SAN

Capítulo Ocho

PROCESOS

"Hacer las cosas es mucho mejor que hablar de ellas. Actúa".
Tom Peters

Los factores más determinantes del éxito primario de una gran compañía dependen de cuan efectivo seas a la hora de buscar y lograr la CONSISTENCIA, que es el resultado o la consecuencia de tener un equipo alineado a un modelo como el SAN, y de velar constantemente por lograr estandarizar y tener PROCESOS sencillos y efectivos que sean replicables.

Los procesos responden a la gran pregunta: ¿CÓMO HACEMOS LAS COSAS? Esto lo verifica Dov Seidman, el fundador de la consultora LRN, quién se ha especializado en buscar cómo hacer para que las empresas puedan ser rentables y éticas en su libro *How*.

En mi calidad de consultor empresarial, coach gerencial y facilitador de procesos de gestión del cambio y de desarrollo organizacional, sustentado en Culturas Ganadoras, he podido verificar de primera mano, que una de las razones principales, por las que muchas pequeñas y buenas empresas, nunca logran pasar de cierto umbral de crecimiento, es porque en su interior, no han logrado o valorado el poder de estandarizar procesos.

Haciendo un coaching a dos gerentes de una misma compañía, y viendo como ellos hacían las cosas de forma diferentes, y conversando con sus colaboradores, logré darme cuenta que tenían la misma problemática. Aunque eran de la misma empresa, tenìan el mismo cargo pero en diferentes areas, y cada uno me dio una versión personal de cómo se hacían las cosas y no se parecían.

¿Trabajar para pagar o para crecer y trascender?

Fue Michael Gerber el autor del "Mito del Emprendedor" y de la empresa *e-myth,* quién me enseñó que había dos tipos de dueños de negocios. Gerber generó la distinción al hablar de: Trabajar **para la empresa, o en la empresa.**

Entenderlo me ayudó muchísimo en mi aprendizaje, y en mis modelos de intervención y acompañamiento. Me di cuenta, de que eso era cierto para la gran mayoría de empresarios latinos. Trabajar para pagar o trabajar para crecer y trascender, que es también una analogía perfecta de lo propuesto por Sthepen Covey, en su libro "Los 7 Hábitos de las Personas Altamente Efectivas", donde escribió de la victoria personal y la victoria pública.

En mi reto de impactar a más de 10 millones de latinos en el Mundo; he observado un fenómeno común, en la mayoría de los dueños de las empresas que suelen afrontar dos situaciones comunes:

- Están demasiado ocupados, trabajando para resolver problemas o para pagar sueldos y gastos.

- Están demasiado confiados y cómodos, creyendo que saben todo lo que necesitan para ser exitosos, y que está bien el nivel de éxito que ya han alcanzado.

El Poder del Helicóptero: Albert Einstein dijo que, *"Los problemas no podían ser resueltos en el mismo nivel de pensamiento, con el que habían sido creados".* Y con esa frase trabajé en la metáfora del helicóptero, que me permitió entender el poder DEL OBSERVADOR en los dueños de las empresas.

Si conectamos esto al trabajo, al pagar, al crecer y evaluamos los resultados de varios empresarios podremos entonces ver el tipo de observador que está siendo el propietario, cuando se deja acaparar por el día a día de la empresa. Los problemas en el subsistir son totalmente diferentes, a los del Empresario con un OBSERVADOR PODEROSO que genera, cuando toma tiempo para evaluar, reflexionar y tomar decisiones inteligentes desde otro lugar; y metafóricamente, ese lugar es el helicóptero, el cual te permite elevarte por encima de las circunstancias y ver todo el TERRITORIO de tu empresa y tus propias circunstancias y contexto.

Cuando te mueves desde el observador, del helicóptero, es un lugar desde donde puedes prepararte y hacer cambios que te lleven a ti y a todo tu equipo de trabajo, a crecer y trascender.

"La empresa es el objetivo más creativo y emocionante, al que podemos aspirar. También es extraordinariamente divertido... si se hace bien". Michael E. Gerber

CONSTRUYENDO Y ESTANDARIZANDO PROCESOS

Los procesos son muy importantes, a la hora de pensar en hacer bien las cosas, tanto para los clientes, como para los colaboradores y dueños. Los procesos son de vital importancia y eso se demuestra en los desempeños logrados, en las empresas que tienen sus procesos estandarizados y que han sido comunicados correctamente.

Financieramente, todos los procesos son importantes. Y al tener procesos bien fundamentados lograrás cosas como:

- Bajar costos.
- Optimizar el uso de espacios.
- Aprovechar al máximo la materia prima.
- Tener provisión para el futuro.
- Delegar más efectivamente.
- Un mejor servicio al cliente.
- Mejorar la consistencia en la producción.

- Entrega de productos a tiempo.

Todo esto toma más valor, cuando visualizas la posibilidad de vender la empresa. Las compañías con procesos estandarizados siempre se venden mejor y más rápidamente, que aquellas donde prima el desorden y la improvisación.

LOS PROCESOS CENTRALES DE LAS PYMES EXITOSAS

Estos seis procesos centrales, son los que debe tener una empresa si quiere pasar de trabajar para pagar, a trabajar para crecer y trascender.

Operaciones y Entrega: Este es el número uno; una empresa debe su existencia a la habilidad de tener clientes para ofrecerles sus productos y servicios. Este primer proceso se trata de; cómo fabricas el producto, los procesos de transformaciòn de las materias primas y la entrega de los servicios al cliente.

Ventas y Mercadeo: El segundo proceso involucra toda la gestion y la labor a llevarse a cabo, para que tu empresa haga presencia en el mercado, posicionándose en la mente de los posibles clientes. También involucra el paso a paso de como transformar a un prospecto, en un cliente real de tu producto o servicio.

Servicio al Cliente: Aunque todos saben que se deben a sus clientes no todos les ofrecen lo mejor. Pero debemos trabajar por lograr ofrecerles un servicio óptimo, hacerlos felices, complacerlos, y sorprenderlos de tal manera que quieran hacer tres cosas. Comprarnos, recomendarnos y volver a comprarnos; en muchas empresas no se le da prioridad a este proceso y por eso sus clientes buscan otras opciones en otras empresas.

Recursos Humanos: Las personas son el único elemento irremplazable en una empresa. Las grandes compañías logran buenos resultados por el tiempo, la pasión y la conexión de un líder relevante, con su grupo de trabajadores, los que son desarrollados y potenciados al máximo. En el interior de las organizaciones, los recursos humanos involucran cuatro funciones vitales: Selección, entrenamiento, desarrollo y retención.

Finanzas y Contabilidad: El dinero es en sí, uno de los elementos que vitaliza a una empresa, son los recursos para pagar nóminas, comprar insumos, crecer, mejorar y aprender. La realidad es que muchas empresas limitan sus posibilidades de crecimiento y desarrollo, por carencias de fondos para levantarse. Por eso no solo se contempla la parte contable del flujo y manejo del dinero, sino que también se debe involucrar las finanzas entendiéndolas como políticas de ahorro, reinversión y previsión.

Desarrollo y Seguimiento: A partir de encontrarme con mis mentores y entrenarme en liderazgo y Coaching de Resultados, observé el profundo impacto y valor que tienen el desarrollo y el seguimiento en la calidad, el tamaño y la rentabilidad de una empresa. **Y** al verificar el correcto funcionamiento y cumplimiento de la implementación de todos los procesos en el interior de la empresa, involucramos aquí a todos los procesos de medición y a partir de ellos, logramos una generaciòn de nuevas posibilidades de mejora.

Herramienta 4
Construyendo Procesos

Empresa	
Área	
Responsable	
Nombre del Proceso	

ENTRADA

SALIDA

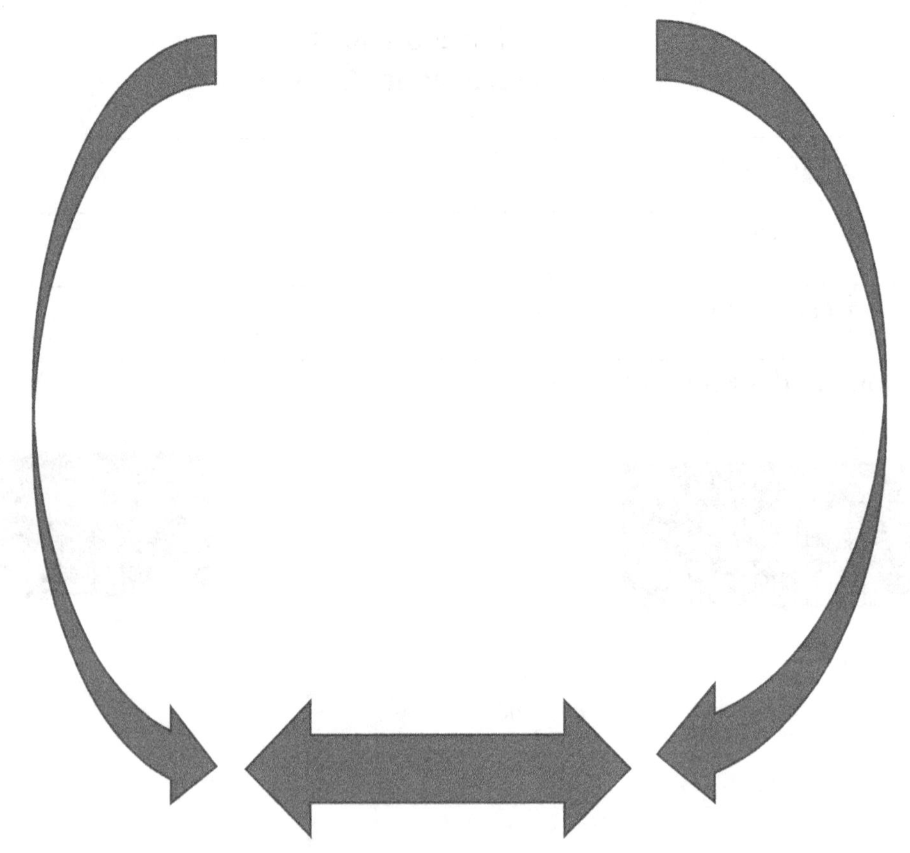

Elemento Cuatro del Sistema de Aceleración de Negocios

SAN

Capítulo Nueve

TOMAR DECISIONES Y RESOLVER CONFLICTOS

"La grandeza no es una función de las circunstancias. La grandeza resulta ser en gran medida, una cuestión de elección consciente y de disciplina".

Jim Collins

Al estudiar psicología organizacional, certificarme como coach ontológico y ser consultor empresarial, he podido interconectar con diferentes enseñanzas para entender de una forma sistémica, a las empresas y a las personas que son el alma de las empresas. Encontré la importancia para que un empresario tenga presente este elemento. Por eso, hace parte del SAN.

PARA LOS NEGOCIOS EN EL MUNDO DE HOY, LA VELOCIDAD ES MUY IMPORTANTE

¿Tienes establecido y estandarizado como parte de tu visión de negocios, algunas estructuras o métodos efectivos de TOMA DE DECISIONES y de RESOLUCIÓN DE CONFLICTOS?

Los empresarios que tomen las mejores DECISIONES y las implementen más rápido, lograrán una ventaja significativa frente a las demás empresas. Para esto debes tener claro, cuáles son los tipos de problemas comunes que se presentan en tu empresa o sector, y cuáles son los conflictos o diferencias que se presentan en tus colaboradores, que afectan el desempeño laboral y, por ende, el crecimiento y la madurez de tu empresa. El empresario que IGNORA O NO VE CIERTOS PROBLEMAS, u otras veces, simplemente se da la excusa, de que no tiene tiempo para verlos. Pasa el tiempo sin que se resuelvan ciertos problemas y por último permite que el torbellino de la urgencia y del día a día le absorva. Y Entonces cuando se presentan situaciones y se identifica un problema, buscas soluciones temporales que te permitan avanzar, pero no vas siempre hasta el fondo del problema.

Toma de Decisiones Inteligentes

Los dueños de las Pymes deben volverse expertos en la toma de decisiones, y para eso deberán contestarse las siguientes preguntas:

- ✓ ¿Cuáles cosas o pendientes que no he cerrado, me están impidiendo ser más efectivo y rápido a la hora de crecer?
- ✓ ¿De qué errores del pasado, tanto personales como de grupo, aún no he aprendido, para corregirlos?
- ✓ ¿En qué tipo de relaciones importantes para mí y mi negocio, no estoy trabajando?
- ✓ ¿Qué cosas no tan importantes roban parte de mi tiempo, que no me permiten dedicarme a lo realmente importante?
- ✓ ¿Estoy manejando mis prioridades y las de la empresa de forma correcta?
- ✓ ¿Mi empresa está donde quiero que esté posicionada, o donde debería estar de acuerdo con mi capacidad, potencial y la calidad de mi producto o servicio?

La Herramienta del SAN

Un uso potenciador que le puedes dar al SAN, una vez lo conozcas, aprendas y lo implementes en tu compañía; hace que tu atención en los factores de crecimiento y desarrollo de tu empresa sean determinantes. En cada uno de los elementos del SAN, un dueño de Pymes debe tomar decisiones. Será fundamental el haber implementado con éxito cada uno de los elementos, ya que no tener estos elementos del SAN organizados y presentes, te mantiene ocupado, pero sin un rumbo fijo y con pocos avances significativos.

Resolución de Conflictos

Curiosamente, tanto los seres humanos, como los equipos y las organizaciones, suelen repetir continuamente los mismos problemas, debido a que realmente no han aprendido del pasado y que no tienen CLARIDAD TOTAL, sobre:

- ¿Qué deseas?
- ¿Quién eres?
- ¿Para dónde vas?
- ¿Qué necesitas?
- ¿Qué buscas en los otros seres humanos?
- ¿Como motivarte y motivar para lograr lo mejor de tus colaboradores?

La primera lección clara, aquí es que hasta en las mejores familias o empresas, tendrán problemas y situaciones críticas a resolver.

Lo positivo, es que puedes aprender a entender y conocer a los seres humanos y sus necesidades, para estar preparado y así ser más efectivo y rápido a la hora de resolver las problemáticas, en el interior de tu equipo o de la empresa.

"Los seres humanos somos hermosamente lindos y hermosamente tontos, así que siempre podemos esperar que haya buenos o malos días, ya que, si mi interior no está bien, no me será posible darle lo mejor a los demás".

Carlos Eduardo Sarmiento L.

Las Necesidades Humanas

Para el liderazgo en todas las áreas de la vida y de los negocios, y para sacar lo mejor de alguien, debes tomar tiempo para conocerle lo más profundamente posible, cuando haces eso le demuestras respeto, a la vez que genera una magia en el otro. Movernos en esa magia, es el secreto para resolver conflictos.

Sthepen Covey, me enseñó que los seres humanos tienen 4 dimensiones y que esas dimensiones, te hablan de su esencia humana. Así que un dueño de negocio exitoso, gerente o un líder, es aquel que diseña espacios laborales que cubran las siguientes cuatro necesidades.

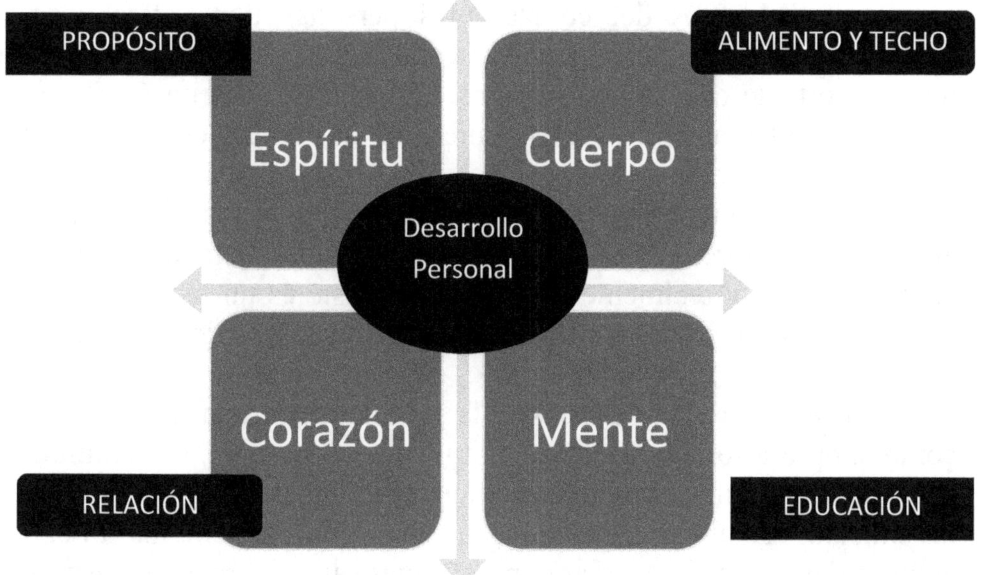

Entornos Laborales Creativos

Basados en el modelo de Sthepen Covey, si quieres crear empresas de clase Mundial, debes apasionarte por ofrecer espacios laborales donde tus colaboradores reciban los siguientes cinco elementos:

Elemento UNO: Salario y Prestaciones
El reto es, que puedan con su salario, cubrir sus necesidades básicas, hacer abonos a sus deudas y ahorrar para su futuro o imprevistos.

Elemento DOS: Educación e Ideas
La forma correcta para cubrir las necesidades de la mente, son dos: La mente es inquieta, pensante y está ahí para ser utilizada, por lo cual es

importante tener planes de capacitación, desarrollo y entrenamiento específico en su arte o el hacer. La mente también simboliza identidad, pensamiento propio, creatividad y proyección. Por eso debes pensar en cómo recurrir a tus colaboradores, para pedirles ideas o propuestas para solucionar algún problema, o para mejorar los resultados. Honras sus mentes, cuando les pides ideas o propuestas y las tienes en cuenta.

Elemento TRES: Honra y Respeto

Cuando hablamos del corazón, las personas tienen tres necesidades específicas que son: Ser amados, escuchados y ser parte de un grupo. Es muy importante que tengas espacios, para que les des un *feedback* a cada uno de los colaboradores. La comunicación que tengas con ellos, debe estar basada en el respeto y la confianza. Todos los seres humanos necesitan expresarse y comunicarse. Normalmente nos sentimos conectados cuando alguien se interesa por nosotros, y cuando comparten tiempo de conversaciones y realmente nos escuchan. Este es un reconocimiento a su existencia. Todos nacimos para ser parte de una comunidad o grupo.

Por lo anteriormente expuesto, la mínima respuesta que deberías tener como empresario, es agendar en tus planes anuales un mínimo de un encuentro trimestral, en donde promuevas la integración, la comunicación y la amistad. También funciona muy bien el mantenerlos integrados a equipos deportivos, y generar competencias sanas entre ellos mismos.

Elemento CUATRO: Propósito y Servicio

Posiblemente, este es el elemento más importante para tener en cuenta. La mayoría de las veces suelo escuchar frases como estas:

- Nosotros somos una empresa, aquí se viene a trabajar.
- Simplemente, les doy trabajo.
- No somos una fundación o una iglesia.

En mi experiencia, los factores de Propósito y Servicio son los responsables de lograr lo que todo empresario quisiera obtener de sus colaboradores, y que se llama el MÁXIMO DESEMPEÑO.

En cuanto al Propósito hablo de dos cosas:

La primera, es confirmar que tu trabajo está yendo en el mismo sentido y dirección de aquello que amas, para lo que naciste y de lo que disfrutas.

La segunda, es la trascendencia, la espiritualidad, y allì estás conectado al Servicio. Por eso existen muchas empresas a nivel Global, que promueven que sus colaboradores, los fines de semana, mantengan prácticas espirituales o prácticas sociales; eso los mantendrá en un mejor equilibrio y los hará mejores seres humanos y por ende, mejores colaboradores.

Elemento CINCO: Desarrollo Personal

Cuando en mis procesos de intervención, comparto el concepto de entornos laborales creativos, a los empresarios les cuesta entenderlo bien, dicen cosas como:

- A mí me gustaría darle lo mejor a mis empleados, pero financieramente no siempre es posible.
- Eso suena bonito, pero es irreal.
- De pronto funciona en otros lugares, pero en Latinoamérica es diferente, las personas suelen ser muy desagradecidas e inconformes.
- Ese punto mejor lo omito, no quiero perder dinero ni que se aprovechen de mí.

Cuando los escucho, entiendo que me están hablando desde el paradigma equivocado, que necesitan urgentemente trabajar en su OBSERVADOR, que no están mirando la importancia real del desarrollo personal. Suelo recurrir a la metáfora del helicóptero, para mostrales otra perspectiva.

En tu viaje personal al éxito, el único secreto que existe es el PODER DE LA EDUCACION TRANSFORMACIONAL y el fundamento invisible de esto es el DESARROLLO PERSONAL.

¿Qué es el Desarrollo Personal?

Es la posibilidad de educar y entrenar a las personas, para que ellas se hagan cargo de sus propias vidas, cambien su observador, gestionen sus emociones y diseñen su futuro. Hacerles entender que viven en un Mundo de abundancia, y que todos pueden alcanzar la plenitud y el ÉXITO en todas las áreas de la vida. ¡Si, te permites ser entrenado y asumes la responsabilidad de hacerte cargo y pagar el precio, ES POSIBLE!

¿Cómo llevar el desarrollo personal a la vida práctica de una empresa?

Podemos enfocarnos en lo básico del trabajo a desarrollar dentro de la empresa; al trabajar en empoderar a las personas para que sean felices y liberen al máximo su potencial.

Trabajar en el desarrollo personal de tus colaboradores, equivale a ayudarles a cambiar sus paradigmas, llevándolos a un nuevo observador desde el SER, enseñándoles temas como:

- ✓ Inteligencia financiera.
- ✓ Manejo del tiempo.
- ✓ Productividad.
- ✓ Liderazgo personal.
- ✓ Resolución de conflictos.
- ✓ Inteligencia emocional.
- ✓ Escuelas de padres.
- ✓ Seminarios de parejas.
- ✓ E impulsar su espiritualidad.

Resolución Inteligente de Problemas

Como empresario y líder, una competencia central y vital será desarrollar tu HABILIDAD DE NEGOCIACION. Esta es una materia importante, en un programa de entrenamiento y desarrollo de líderes y gerentes. Pero ésta competencia en la gerencia y en el interior de una empresa de clase Mundial, se debe convertir en UNA METODOLOGIA COMÚN DE RESOLUCIÓN DE CONFLICTOS.

Se requiere que los líderes, gerentes y personas con autoridad dentro de una compañía, tengan clara una FORMA ÚNICA DE ABORDAR LOS PROBLEMAS, de manera sencilla y práctica, para que los problemas no sean ignorados o pospuestos. La solución inteligente de los problemas, deberá ser el estándar común en la Cultura Ganadora de una empresa.

Un Modelo para Resolver Problemas

Para crear la siguiente herramienta me sustenté en lo aprendido con la coach de claridad Jayne Johnson, cuando me enseñó el poder de la claridad y la sencillez, para generar grandes cambios y potenciadores resultados, lo mismo que en el curso de negociación del Dr Chester L. Karras, (Un experto en negociación).

MODELO DE RESOLUCIÓN DE CONFLICTOS

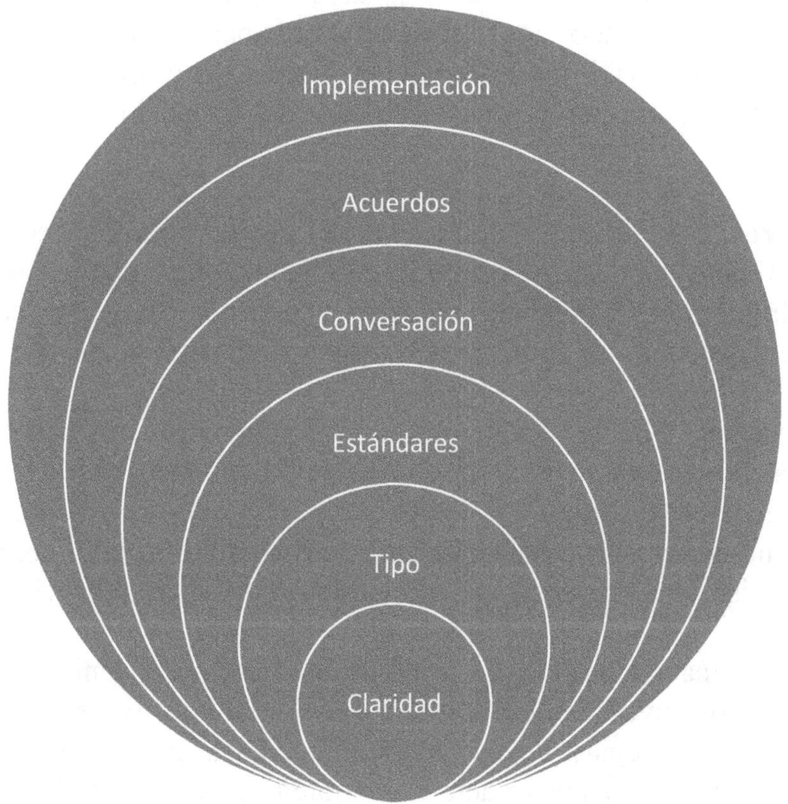

Los seis pasos

Ahora permítanme explicarles cada uno de los 6 pasos para que lo puedan implementar en el interior de sus organizaciones:

Claridad: Se trata de utilizar el poder de la PRECISIÓN DEL LENGUAJE, para darle el nombre correcto al problema o a la situación, sin generalizar, confundir, etiquetar y esconder. Mientras no le des el nombre correcto al problema, no puedes comenzar a abordarlo.

Tipo: Cuando hablo de tipo, estoy aportando algo desde las distinciones del coaching ontológico; necesitas precisar si lo que tienes frente a ti es un PROBLEMA o un QUIEBRE.

Los quiebres son cosas que me incomodan y que veo a donde quiera que yo voy, pero que afecta emocionalmente al grupo de las personas que son parte de tu área o equipo. Por ejemplo, cuando cambias a una misma persona colocandolas en tres posiciones o lugares diferentes, y en esas partes, se terminan evidenciando los mismos problemas. Por el contrario los problemas son situaciones que afectan a todo un grupo o empresa, y lo verificamos cuando por lo menos el 20% del grupo lo ve, lo siente o le afecta.

Estándares: Los estándares son los limites preestablecidos y comunicados, con lo mínimo o máximo permitido en cuanto a un tema en particular se refiere frente a los estandares todos se tienen que alinear y reconocerlos para saber que si no los respetan habrá ciertas consecuencias.

Conversación: Una vez que tienes claros los tres primeros pasos, entonces acuerdas un espacio neutral de conversación, donde citas a las personas involucradas en el asunto y a las personas con autoridad sobre el mismo. Genera un espacio libre para que cada participante o parte, comunique su punto de vista, sus razones y sus propuestas de solución o de negociación.

Acuerdos: Una vez pasado el tiempo de conversación y teniendo en cuenta, que todos los involucrados tuvieron la libertad de expresarse y ofrecer soluciones o estrategias, llega el momento de pasar por un filtro común, los pro y los contra de cada solución o estrategia, para determinar de común acuerdo qué opción es la adecuada; dando siempre preferencia a las opciones que generen la forma de ganar para todos los implicados, y tambièn que conduzacan al ganar en el mejor escenario a largo plazo para la empresa.

Implementación: En este paso, se trata de poner en marcha la opción elegida. Lo ideal es crear y empoderar a un equipo mixto (colaboradores y empresa), para que se encarguen de implementar la solución y acompañar el proceso hasta su finalización.

Herramienta 5
Lista de Cierres Personales

	Tema o Asunto	Prioridad
1		
2		
3		
4		
5		
6		
7		
8		
9		
10		

11		
12		

Herramienta 6
Lista de Cierres de Área

	Tema o Asunto	Prioridad
1		
2		
3		
4		
5		

6		
7		
8		
9		
10		
11		
12		

Herramienta 7
Lista de Cierres Empresariales

	Tema o Asunto	Prioridad
1		

2		
3		
4		
5		
6		
7		
8		
9		
10		
11		

12		

Herramienta 8
Matriz de Toma de Decisiones

Empresa	
Área o Rol	
Problema para Resolver	

Criterios Innegociables	Opción 1	Opción 2	Opción 3

Herramienta 9
Proceso de Resolución de Problemas

Empresa	
Área	
Responsable	

Claridad	**Tipo**

Estándares	**Conversación**
Acuerdos	**Implementación**

Herramienta 10
Matriz de Entornos Laborales Creativos

Empresa	
Cargo	
Nombre	

Sueldos y Prestaciones	**Educación e Ideas**
Honra y Respeto	**Propósito y Servicio**

Capítulo Diez

RENDIR CUENTAS

"Aceptar la responsabilidad por nuestras acciones, ser responsables de nuestros resultados y hacernos cargo de nuestros errores, es a eso a lo que llamo rendir cuentas".

Carlos Eduardo Sarmiento L.

Un fenómeno común en las personas, las empresas y las sociedades, es el mal entendimiento que existe sobre la palabra libertad.

La mayoría anhela llegar a la mayoría de edad, para sentir que son libres y que pueden hacer lo que quieran, sin que nadie les diga nada.

En mi camino hacia la búsqueda de la excelencia personal y en la investigación de métodos para llevar a las empresas de mis clientes a ser de clase Mundial. Despuès que la grandeza es imposible lograrla sin compañía, apoyo y mentores. Y que el estar en el interior de una organización compartiendo con otros, obliga a que todos se alineen a lo que hoy llamo:

La Triada de la Rendición de Cuentas.

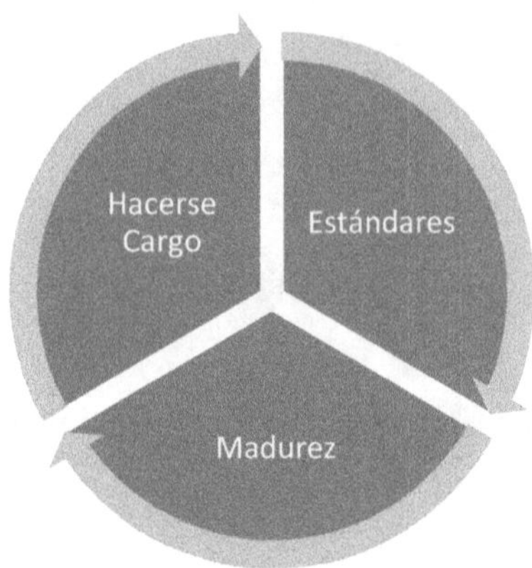

Después de trabajar diligentemente en equipo e iniciar el SAN en tu empresa, viene la segunda fase de la transformación hacia el siguiente nivel, y es allí donde el eje central es la RENDICIÓN DE CUENTAS. La cual es metafóricamente, como la sangre en los humanos o el aceite en un motor. Es el ingrediente vital que mantiene todo en funcionamiento y con vida.

Tratando de Cambiar a las Empresas:

En mi experiencia como consultor empresarial, capacitador y coach, he terminado encontrándome con grandes brechas, que debemos trabajar para poder lograr los cambios esperados. En mi proceso de viaje con clientes me encontre con cosas como algunas brechas como:

- Cuando no se involucraban los directivos de la compañía en mis procesos, las iniciativas se caían porque la nueva cultura de la empresa, según algunas mentes egoístas e inmaduraz creían que estos cambios iban en contra de las iniciativas de ellos.
- Cuando enviaban a los mandos, medios u operativos de la empresa a los talleres, ellos salían entusiasmados del entrenamiento y con ganas de crear nuevas realidades, pero de vuelta a la realidad, el torbellino de las urgencias sepultaba las iniciativas, y cuando los líderes, gerentes y supervisores no estaban listos para sostener lo que ya habíamos logrado en el entrenamiento, todo volvía a la realidad original.

En la empresa internacional, donde me formé como experto en liderazgo organizacional, aprendí que los cambios significativos siempre deben comenzar por las cabezas, y que si los líderes no comenzaban entrenándose, o no estaban a favor de los cambios o de las nuevas iniciativas, no sucedería nada significativo y perdurable.

- La tercera brecha, es la diferenciación filosófica y de fundamentos que tenían los diferentes líderes en los distintos niveles. La realidad es que algunos tenían una formación que incluía maestrías, especializaciones y MBA. Pero otros apenas tenían una carrera profesional y un diplomado. El solo hecho de que tuvieran el mismo título o programa de distintas instituciones afecta, porque sea crea una desfragmentación interna, donde cada uno piensa que tiene las mejores ideas o formas de liderar y quieren demostrar que tienen la razón, tratando de sacar los mejores resultados para su departamento. La mayoría de las veces no hay una sola cosmovisión, y no existe una unidad corporativa genuina; de esa forma es imposible llegar a la excelencia.

Nota Aclaratoria: En mi experiencia y aprendizaje entendi que el diferencial se logra cuando implementamos 3 practicas:
a. Involucrar a todos los lìderes de la Organizaciòn de arriba hacia abajo.
b. Establecer una escuela de liderazgo con competencia blandas y de habilidades de coaching para todos los líderes y gerentes.
c. Implementar una Escuela de vida al interior de la empresa para todas las personas, con contenidos como: inteligencia emocional, gestion del cambio, principios y responsabilidad personal.

EL PODER DE CONVERSAR Y LA RENDICIÓN DE CUENTAS

Ahora y como Resultado de mi vida de aprendizaje y transformaciòn tengo un ENTENDIMIENTO PROFUNDO de la realidad de las organizaciones. Gracias a ello, ahora lo puedo compartir con muchas personas a través de libros, consultorías y procesos de coaching.

Mi formación y certificación en Coaching Ontológico, me dio la visión de entender que ocurren cosas buenas o malas, porque las empresas no alcanzan con sus equipos y organizaciones, los ideales de los dueños.

Para mejorar todo esto yo les propongo la triada de la Rendición de Cuentas, que es una estructura básica para gestionar conversaciones en todos los niveles de su empresa, una vez que todos ya estén alineados al SAN.

Rendir Cuentas, es un maravilloso regalo que todos nos podemos dar, para crear un ambiente de crecimiento y desarrollo común, donde todos tenemos algo que mejorar y algo que dar al otro.

LA TRIADA DE LA RENDICIÓN DE CUENTAS

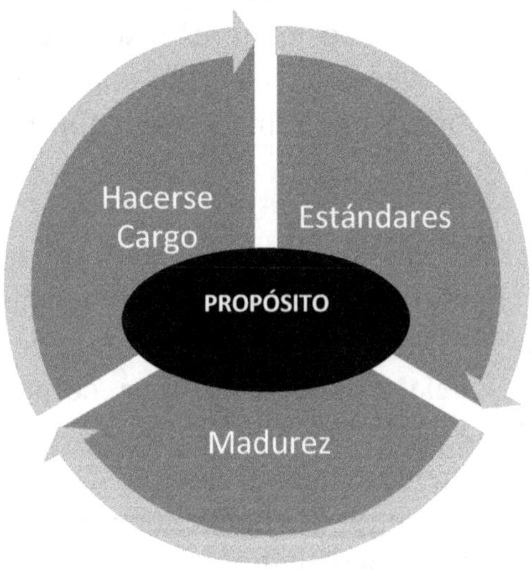

Para implementar con éxito en cualquier empresa, un Sistema Inteligente de Conversaciones -SIC; el dueño de la empresa o emprendedor debe reunirse con sus líderes, para que juntos consoliden un mismo IDIOMA, referente a los tres elementos de la Triada de la rendición de cuentas.

Sistema Inteligente de Conversaciones-SIC

PROPÓSITO: Aunque la triada de la RC no involucra al PROPÓSITO, este será nuestro primer punto en común, para poder implementar con éxito un SIC. Un propósito poderoso, inspirador y trascendente, es el elemento que tiene el poder de mantenerlos juntos perseverando hacia el futuro, a pesar de cualquier circunstancia o realidad que se salga de control.

ESTÁNDARES: Ahora, si ponemos en juego el primer elemento de la Triada de RC, que es ELEVAR LOS ESTÁNDARES. Todos los seres humanos que quieren ser exitosos, extraordinarios y únicos, así como los que quieren llevar a sus equipos y empresas al éxito, lo lograrán si se conectan a nuevos ESTÁNDARES, que son las medidas de excelencia que persigues como meta, también son los indicadores o medidas mínimas que nos podemos permitir. En este caso cuando implementas y te conectas al SAN, este se convierte en un Marco de Estándares.

MADUREZ: El concepto de madurez, es algo que me encanta desde el lenguaje del Coaching Ontológico, porque me permite generar una DISTINCIÓN, para crear una conciencia común en cuanto a la importancia de la madurez para desarrollarse, crecer y alcanzar la excelencia máxima. La madurez, es la forma de ser y comportarse en privado y en público, que diferencia a un niño de un adulto. Esta distinción es muy poderosa e importante, para que la tengas en cuenta dentro de tu equipo y organización. La madurez tiene una correlación directa con los estándares, porque a medida que vas creciendo de niño a adolescente y luego a adulto, así tambièn van cambiando los estándares en el proceso de crecimiento de una empresa.

Cuando somos adultos, se espera más de nosotros y nos demandan nuevas cosas. Es fundamental entonces que tengas una nueva visión y nuevas formas de ser. La madurez es vital y central en la vida adulta de los negocios y esto es directamente proporcional a tu nivel de madurez, lo que recibimos del ~~entorno~~ es el resultado de nuestra siembra.

Ten claro que**: Resultados extraordinarios, demandan un nivel alto de madurez**

HACERSE CARGO: En el coaching ontológico hablamos de dos tipos de personas:

- **Los Protagonistas** = Se hacen cargo.
- **Las Víctimas** = Son inmaduros.

El tercer elemento de la Triada de RC es el hacerse cargo, basado en esta reflexión inicial: Debemos entender como líderes que dentro de un Sistema de Rendición de Cuentas, no pueden haber personas IRRESPONSABLES O INMADURAS, porque esto afecta radicalmente, el desempeño del equipo y el impacto a mediano y largo plazo de la organización.

El hacerse cargo es una **POSICIÓN**, desde una identidad sana. Tenga claro que tu comportamiento no es lo que TU ERES, los comportamientos siempre pueden ser mejorados.

¿Qué es hacerse cargo?

Es tener la capacidad voluntariamente de rendir cuentas de los resultados o gestiones a quien lo demande, estando en la disposición de HACERSE CARGO o ASUMIR su propia responsabilidad, frente a cualquier resultado positivo o negativo en su pensar, sentir, hablar y hacer, conciente o inconciente y al mismo tiempo está en disposición de recibir un *feedback* sobre esto, sin tomárselo de forma personal.

Como Implementar con Éxito un Sistema de Rendición de Cuentas

Un tema que es de gran centralidad y prioridad en el mundo de las empresas es la PRODUCTIVIDAD. En ese camino de aprendizaje, entrenamiento y aplicación en el mundo real, al aprender de los mejores en este tema como son: David Allen, Laura Stack, Sthepen Covey, Daniel Harkavy, James Robins y Anthony Robbins. El punto común en todos, además de tener un Marco de Acción común, es el poder de abrir y cerrar el día o la semana.

Mi Mentor principal Paul J. Meyer, en un libro que escribió en conjunto con Kem Blanchar y Dih Ruhe, titulado "SABER Y HACER", nos habla de cómo cerrar la brecha existente entre el saber y el hacer, en todos los niveles del desarrollo personal y organizacional. De ahí saqué tres conclusiones fundamentales:

- La saturación de información tiene muchas opciones, pero algunas te sacan del enfoque y te hacen improductivo, por eso mi propuesta es el SAN.
- La principal razón para que las empresas y las personas no alcancen los niveles de excelencia que se merecen y para los cuales tienen potencial, es la falta de seguimiento y medición.

- En el Diseño de Futuro. Las personas y las empresas deben trabajar por alcanzar la máxima excelencia y los máximos niveles para mejorar su presente, pero deben sacar tiempo para conversar y diseñar su Futuro.

Basado en esto, la forma correcta de implementar un sistema de RC, en cualquier grupo o empresa es: Establecer un **Marco de Rendición de Cuentas** fundamentado en una reunión de inicio de semana y una reunión de cierre de semana, donde se lleve a cabo en todas las areas de la organizacion, siendo dirigidas por un líder experto o con experiencia en el SAN, el cual, a su vez, se reunirá en un grupo maestro, con el dueño de la empresa y los líderes de las demás áreas.

Características y Formas para esta Reunión de RC:

Frecuencia: Semanal.
Duración: Máximo dos horas.
Estructura: Con agenda de trabajo determinada.
Asistentes: Solo los que son responsables y que van a participar en la reunión.
Informe Final: Siempre, alguien se hará cargo de tomar las notas de lo acontecido en la reunión y hará un informe ejecutivo de dos páginas, el cual enviará a todos los asistentes, a más tardar, ocho horas después de la reunión.

Estructura Conversacional de la Reunión:

- Bienvenida a todos y un compartir inspiracional.
- Verificación de quórum.
- Socialización de la agenda de trabajo.
- Asignación de turnos en orden y escucha activa de los aportes de los miembros.
- Conclusiones, toma de decisiones y levantamiento de acta con responsables y asignaciones.

Estructura Uno a Uno:

- Mi meta o resultado a lograr es: ____
- Mi realidad o logro actual es: ____
- La razón por la que no logré lo esperado fue por: ____
- El apoyo específico que necesito de la empresa o de mi jefe es: ___________________________________
- Mi compromiso de impecabilidad para la próxima semana será: ______________________________

¿Qué ganan las personas al participar de un sistema de RC?

La mayoría de las veces, en la implementación de herramientas o modelos de *managemen*t en el interior de una empresa, se podrìa pensar que los únicos beneficiados son los dueños, pero la realidad es que implementando el SAN y el sistema de RC, se genera un ambiente de aprendizaje y transformación que aporta los siguientes beneficios a cada uno de los participantes o miembros de la organización:

Beneficios Individuales:

- Ser parte de una comunidad.
- Alineación permanente.
- Saber cómo va.
- Recibir *feedback* de calidad en tiempo real.

- Liberación de potencial.
- Posibilidad de ser escuchado y de escuchar a otros para crecer.

Herramienta 11
Matriz de Implementación del Sistema de RC

Empresa	

Área	
Líder	
Meta	
Año	

PROPÓSITO	ESTÁNDARES
MADUREZ	**HACERSE CARGO**

Herramienta 12
Convocatoria a Reuniones de Rendir Cuentas

Empresa	
Área	
Fecha de la Reunión	
Lugar	
Horario	
Asistentes	

Temas para Tratar	

Objetivo Primario	
Otros	

Herramienta 13

Acta de Reunión

Fecha	
Lugar	
Asistentes	

Agenda del Día	
Líder	
Asistente	

Temas Pendientes que Tratar

Decisión	Responsable	Fecha de Entrega	Fecha de Revisión

Herramienta 14
Matriz de Reunión Uno a Uno

Empresa	
Área	
Nombre y Cargo	
Líder	
Fecha	

Mi meta o resultado a lograr era:
Mi realidad o logro actual fue:
La razón por la que no logré lo esperado fue:

El apoyo específico que necesito de la empresa o de mi jefe es:
Mi compromiso de impecabilidad para la próxima semana será:

Elemento Cinco del Sistema de Aceleración de Negocios

SAN

Capítulo Once

GESTIÓN INTELIGENTE DEL TALENTO HUMANO-GIT

"Una gran visión sin grandes personas, es irrelevante".

Jim Collins

No puede existir la menor duda, de que la única ventaja competitiva de las empresas, que no es copiable, es su talento humano, todo lo demás siempre podrá ser hecho mejor, màs rápido, o más económico.

Estoy convencido de que el éxito en los procesos de gestion del talento humano, se fundamentan en la IDENTIDAD.

Si eres un líder y ves tu realidad en grande, le apuestas a la excelencia y existen cosas claras que no son negociables; como tu propósito y tus valores corporativos. Y sustentado en estos fundamentos se les comunica a los empleados con pasiòn entonces se genera un cambio en el proceso del talento humano hacia la busqueda de la excelencia.

La Estructura del GIT

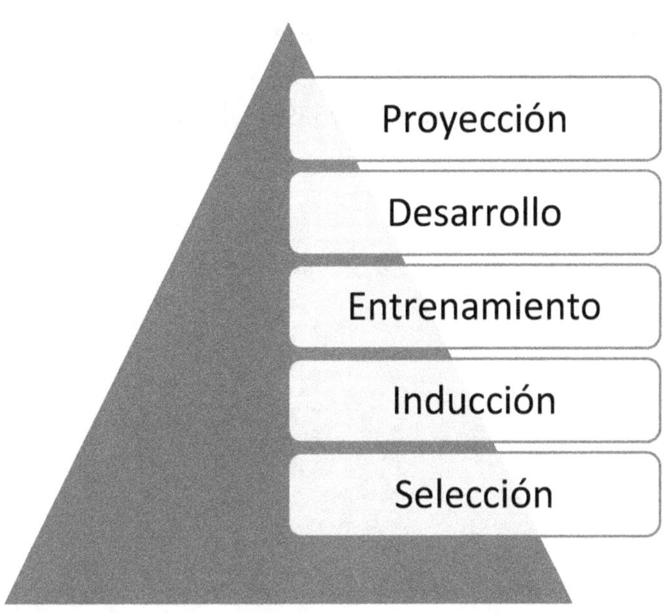

Michael Gerber el autor del "Mito del Emprendedor", explica la importancia del PROTOTIPO DE LA FRANQUICIA, y esto consiste en que desde una empresa o emprendimiento pequeño, hagas las cosas en grande y a lo grande. En otras palabras, es que seas capaz de ver tu empresa como si fuera una multinacional o una franquicia. Lo principal que tienen esas empresas, son sus sistemas estandarizados que les permiten funcionar con excelencia.

Los dueños de las empresas se quejan de lo difícil que es conseguir buenos empleados, y la mayoría de los empleados se quejan, de lo difícil que es dar con una buena empresa. Pero la realidad es que todo esto, lo soluciona el poder del LÍDERAZGO. Tienes la clase de empleados que mereces, y recibes los resultados y el desempeño que tú mismo has generado. Como no tienes estructuras y sistemas claros, para los procesos humanos, sino que los improvisas, luego te quejarás de los resultados, que no son como quisieras o esperabas que fueran.

El fenómeno de las Mejores Empresas para trabajar

Es interesante ver como en cada país, existen algunas empresas que crean una reputación importante, eso hace que muchas personas, darían lo que fuera para poder trabajar en esas empresas.

A nivel global te nombro algunas, de las cuales es importante aprender:
Walt Disney
Google
Amazon
General Electric
Starbucks
Zapoos
Southwest Airlines
Apple
Mercedes Benz

¿Qué hacen diferente, en estas empresas, para generar tanta atracción como empresas empleadoras?

En este tipo de empresas, encontré que hacen tres cosas:

- Hacen las cosas de forma diferente.
- Tienen una estructura y un sistema que siguen y honran.
- Tienen claro que la única forma de lograr la excelencia, para los clientes externos es dándole la excelencia a los clientes internos.

Hacen las Cosas de Forma Diferente: Desde el proceso de convocatoria, hacen avisos sugestivos que son un reto, esperando que respondan solo los que tienen el factor diferenciador. El proceso de selección es operado en toda la organización:

- Demandan altos estándares de calidad.
- Esperan lo mejor de los que se quedan con ellos.
- Permiten que los nuevos colaboradores propongan formas de reinventar o mejorar el cargo.
- Ofrecen buenas razones para quedarse y dar lo mejor a la empresa.

Tienen una estructura y un sistema que siguen y honran

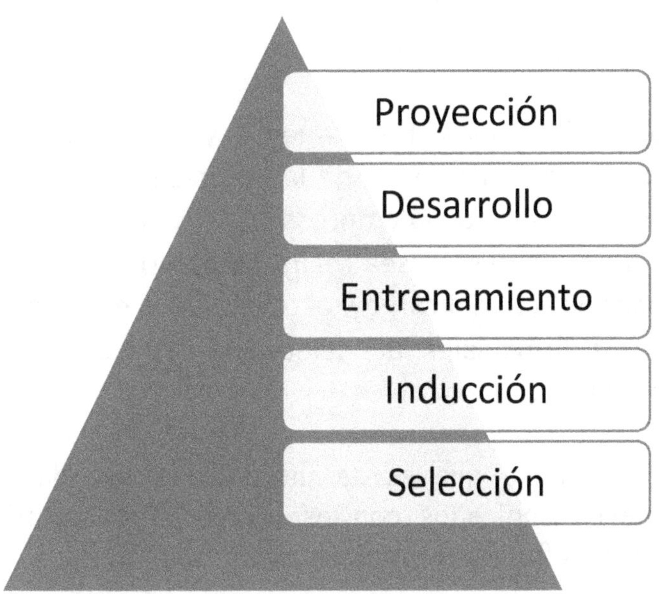

Excelencia a para los clientes internos: Las personas siempre buscan obtener los mejores beneficios y contraprestaciones, a cambio de su trabajo. Eso es algo natural, por eso deben aplicar la regla del diamante, cuando pienses en la oferta de valor para tus colaboradores.

La regla del Diamante dice: **Trate a su prójimo, mejor que como quiere ser tratado.**

Laszlo Bock, vicepresidente senior de gestion de personas en GOOGLE dice: Pasamos más tiempo trabajando, que haciendo cualquiera otra cosa. No resulta lógico entonces, que el trabajo no resulte ser una experiencia desmotivadora y poco humana.

Los cinco Niveles del GIT en la Práctica:

SELECCIÓN: Lo ideal del proceso de selección para que sea exitoso, es hacer lo siguiente:

- Que el perfil de cargo, con sus demandas específicas sea construido por el jefe directo y sea actualizado cada vez que hay una nueva convocatoria.
- Utilizar métodos de convocatoria nuevos y diferentes. Buscarlo primero dentro de los empleados de la empresa y luego en la red de conocidos de todos los de la empresa.
- Que el proceso de entrevistas sea realizado como mínimo, por dos personas: El líder directo del cargo y el dueño de la empresa.
- Que los criterios principales de selección estén alineados a la cultura de la empresa.

INDUCCIÓN: Es importante que exista un proceso estandarizado de inducción para los nuevos empleados, con los diferenciales específicos que demande cada cargo por su función o implicación.

El proceso de inducción debería estar conformado por tres etapas:

- Alineación en la Empresa (Propósito y Valores).
- Inducción específica del cargo (Perfil de cargo).
- Expectativas y Proyección (Estándares, premios y crecimiento).

ENTRENAMIENTO: El proceso de entrenamiento es vital, si se quiere llevar a la empresa al siguiente nivel. La empresa debe tener establecido un PLAN DE ENTRENAMIENTO para todo el año, que involucre la misma intensidad de horarios para todos los cargos, donde se contemplen competencias blandas y duras.

DESARROLLO: El nivel de desarrollo se refiere al proceso de acompañamiento de un mentor para empoderar a todos los líderes, supervisores y personas con autoridad, de tal forma que todos estén alineados a un mismo modelo de liderazgo, alineados al propósito principal, las metas y la cultura de la organización, para así garantizar la excelencia, el crecimiento y la proyección futura de una cultura ganadora.

PROYECCIÓN: Me refiero al último nivel de la gestión del talento humano, que involucra el poder generar en los colaboradores dos cosas:

- Lograr su permanencia, teniéndolos felices.

- Conectar con sus expectativas y necesidades, al ofrecerles formas de crecer dentro de la empresa y lograr beneficios como resultado de su desempeño, sus iniciativas y su compromiso.

Herramienta 15
Plan de Empoderamiento Personal

Empresa	
Área	
Cargo	
Nombre	

Sueños	

Necesidades	
Educación	
Finanzas	
Salud	

Herramienta 16
Perfil de Cargo

Nombre de la Organización	
Nombre del Área	

A quien Rinde Cuentas	
Nombre del Cargo	

Metas Corporativas
Metas de Área
Metas de Equipo

Las Metas Personales del Cargo	
Indicadores de Productividad y Competitividad del Cargo	
Cuantitativos	***Cualitativos***

Mis AMR son:	
Responsabilidades y enfoque del Cargo	
Responsabilidades Permanentes	***Responsabilidades Ocasionales***
Premios o Bonificaciones	***Límites o Castigos***

Modelo de Competencias	
Tipos de Competencias	***Explicación de Competencias***
Competencias de Actitudes	
Competencias ***COGNITIVAS***	
Competencias ***PRÁCTICAS***	

Plan de Entrenamiento y Capacitación
Seguimiento y Medición
¿Cómo se le va a medir? ¿Cada cuánto se le va a medir? *¿Quién es responsable de medirlo?*
REUNIONES: Frecuencia/Lugar/Hora/Participantes
Sugerencias, Ideas, Iniciativas y Mejoras

¿Con qué criterios los voy a manejar?

_______________________ _______________________

_______________________ _______________________

Gerente Líder ***Líder/Jefe***
Asociado

CapítuloDoce

EL PODER DE MEDIR

"El seguimiento, es una medida clave para el éxito de un negocio. Su estrategia de negocios de seguimiento pavimentará el camino para su éxito".

Jack Welch

Ahora lo invito a conocer el poder de los números en el comportamiento humano y por ende, en los resultados de los equipos y las empresas.

Una Cosa Grande en el estadio de Fútbol

Personalmente, me gusta el futbol, pero no como para dejar de hacer otras cosas más importantes. Aunque soy amante del buen futbol y disfruto mucho ver jugar a los grandes equipos como:

Real Madrid
El Barcelona
Atlético de Madrid
Juventus
Mónaco
Bayern Múnich

El fútbol es algo muy común, que mueve a la gran mayoría de personas. Para mí es fácil utilizar este, como una metáfora del poder de los números y que al mostrar como funciona de maravilla en los deportes, para luego ver como puede ser trasladado al mundo empresarial.

El fútbol es un escenario, donde compiten dos equipos de hombres o mujeres, identificados con una camiseta, creando una identidad para su hinchada, y estando en una formación preestablecida para defender y ganar.

Dos conceptos del mundo corporativo, para hacer el paralelo con el deporte y aprender la lección. A los empresarios les interesan el desempeño individual y colectivo de sus colaboradores, y sus resultados finales a fin de mes. En el fútbol no es diferente, dependiendo del desempeño individual y colectivo del equipo, obtendrán un resultado favorable o desfavorable en cada partido, que sumará puntos hasta llegar al final de la temporada completa.

Miremos algunos clásicos de clásicos latinoamericanos como son:

River vs. Boca en Argentina
Atlético Nacional vs. Millonarios en Colombia
Flamengo vs. Fluminence en Brasil

Los asistentes al estadio disfrutan la magia, y los empresarios viendo el estadio lleno. La magia para tantos aficionados es EL TABLERO DE RESULTADOS que genera una increíble influencia, tanto en el desempeño de los jugadores, como en la emotividad de los hinchas. Las características de este TABLERO DE RESULTADOS, y que genera una gran influencia en el fútbol:

- Está a la vista de todos.
- Todos lo entienden.
- Son resultados en tiempo real.
- El desempeño personal y grupal afectan los resultados.
- Pueden cambiar los resultados, hasta el último momento.
- Los jugadores reciben el *feedback* continuo y directo de su entrenador y de los hinchas, en tiempo real.
- Cuando el marcador es positivo, el *feedback* es más ruidoso y duradero que cuando es negativo.
- Se vende la imagen de sus jugadores.

La herramienta es el tablero y para que este sea efectivo, debes programarlo dentro de tu empresa para que mida los indicadores correctos. Por eso para que los tableros potencien los resultados y mejoren los comportamientos en el mundo de las Pymes, es muy importante tener claro cuáles son los indicadores o KPI más influyentes y vitales en una Pyme.

El reto, es tener pocas medidas pero que sean efectivas, relevantes e influyentes, para ayudarte a gerenciar y direccionar la empresa hacia la excelencia, para hacer los cambios o intervenciones necesarias a tiempo.

LOS INDICADORES CORRECTOS DE LAS PYMES DE CLASE MUNDIAL

Cada empresa y sector es único, por eso puedo nombrar algunos indicadores que se pueden aplicar para todas las Pymes, pero lo ideal es que los directivos de cada Pyme determinen cuáles son sus INDICADORES VITALES.

En mi experiencia, les sugiero los siguientes indicadores:

- ✓ Número de ventas.
- ✓ Número de propuestas enviadas.
- ✓ Llamadas comerciales recibidas.
- ✓ Reuniones de prospección.
- ✓ Valor de ingresos semanales $________.
- ✓ Cuentas por cobrar.
- ✓ Cuentas por pagar.
- ✓ El % del mercado.
- ✓ Satisfacción de los clientes.
- ✓ Número de clientes referidos.
- ✓ El % de compras o nuevos pedidos.

Nota: Una vez tenga establecido los indicadores y las formas que va a emplear, establezca una frecuencia de medición. Las cuales se revisarán cada semana en las reuniones de seguimiento programadas, para determinar qué decisiones debe tomar en cuanto su empresa y a sus empleados.

Alineación a los Indicadores Movilizadores

Aprendí de los mayores expertos de liderazgo organizacional del Mundo, que han implementado los modelos de desarrollo en empresas de todos los sectores y tamaños en más de 40 países.

Que muchas cosas no suelen darse en diferentes áreas de la empresa, porque están acostumbrados a trabajar con indicadores del PASADO, es decir, que cuando hacen informes o llegan a tu escritorio, te cuentan la historia de algo que ya pasó y esto ya no se puede cambiar. Además, le puedes sumar que esos indicadores te llegarán después de 20 días o más. Eso sustenta por qué tu empresa no está entre las mejores.

Es importante implementar dos cambios radicales:
El primero: Es el poder de MEDIR, basado en las reuniones de apertura y cierre de semana, que se trabajó en un capítulo anterior.

El Segundo: Es cambiar a un modelo de indicadores del PRESENTE. Esto quiere decir que los INDICADORES DE PRESENTE, trabajan enfocados en comportamientos y conductas, que mides para saber si se están HACIENDO O NO. Estos comportamientos o conductas específicas son las que generan por causa y efecto los resultados deseados o planeados.

Un ejemplo básico para el área de ventas sería: Con los indicadores del **PASADO,** medimos las cifras finales de ventas o los montos de facturación. Pero estas medidas no te ayudan a alinear tu organización a una cultura ganadora, que busca siempre el mejoramiento continuo.

Cuando trasladamos el área de ventas a **INDICADORES DEL PRESENTE**, lo que medimos son:

Número de llamadas diarias.
Número de citas agendadas.
Número de entrevistas de ventas / Una a Una.
Número de cierres o ventas efectivas.

Cuando trabajas con indicadores del **PRESENTE** alineados a estándares elevados y sustentados en un **Liderazgo RELEVANTE**, es sencillo saber dónde están las fallas. Así sabes lo que tienes que cambiar o fortalecer cuando quieres duplicar o aumentar las ventas, para lograr cumplir la meta.

Herramienta 17
Matriz de Indicadores Vitales

Indicador	Responsable	Meta	Frecuencia	S1	S2	S3	S4

Capítulo Trece

CULTURAS GANADORAS EL PODER DE UN HACER SOSTENIDO

"La productividad no es un accidente. Siempre es el resultado de un compromiso con la excelencia, la planificación inteligente y un esfuerzo concentrado".

Paul J Meyer

La Cultura encierra en su interior, el verdadero secreto de las EMPRESAS DE CLASE MUNDIAL, como lo expresa el experto en liderazgo Jim Collims en su libro "Empresas que Sobresalen".

La Cultura involucra tres elementos que son verdaderos detonantes, dentro de las dos cosas que desean lograr los empresarios como son: el Crecimiento y la Velocidad.

Los Tres Elementos de las Culturas Ganadoras:

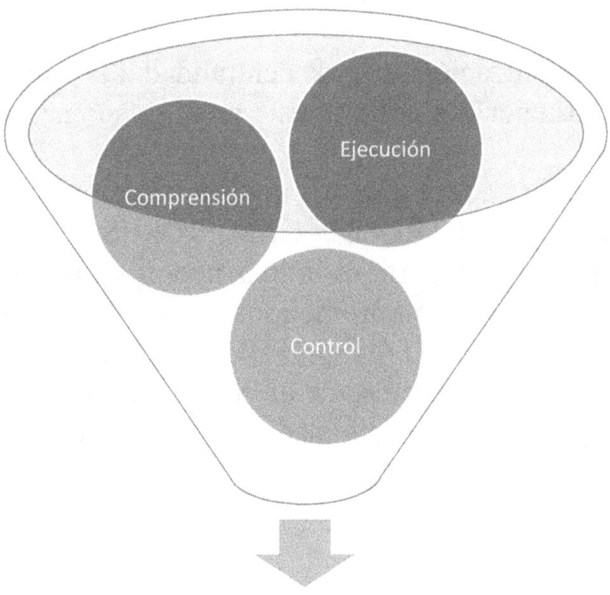

Cultura Ganadora

La cultura es el camino seguro para eliminar la brecha existente, entre una buena planeación estratégica y una poderosa visión y su manifestación a travès de la ejecuciòn.

En la mayoría de las empresas, se habla sobre la importancia del control, sobre como tener una ventaja competitiva, para generar una buena ejecución en el mundo de los negocios. Pero encontre que falta mucha claridad sobre el poder de la comprensión. Del coach de Sillicon Valley, Bill Campbell entendí la diferencia entre hacer por hacer y hacer por comprender, y luego lo ratifiqué en un proceso con Bob Proctor; y es que existen dos tipos de dueños de empresa o líderes.

Unos, son aquellos que tienen buenos resultados y gestiones que mostrar, otros, además de eso, sabían exactamente que hicieron para lograrlo y lo podían enseñar a otros, así que los segundos serán más exitosos y eficaces a la hora de hacer crecer empresas o negocios.

Creando Movimiento con la Cultura

Cuando en una organización se le da centralidad a la cultura y se trabaja en pro de crear y sostener esa cultura, este proceso se encargará de actuar en dos direcciones.

La primera: Impulsará a todos en una misma dirección.

La segunda: Será un FILTRO DE COMPROMISO Y VISIÓN de todos para con la empresa. Esta parte es la más poderosa, una vez que este filtro saque del camino a los no comprometidos, se podrá trabajar en alcanzar LA MAESTRÍA DE LA RENDICIÓN DE CUENTAS, cuando lo logres alcanzarás una velocidad interesante en tus ventas, y estarás listo para ir al siguiente nivel y tendrás la capacidad de sostener tu empresa en un buen lugar en el mercado.

Implementando los tres Elementos de las Culturas Ganadoras

Comprensión: Es el primer elemento para poner en acción, al crear y sostener culturas ganadoras, y se trata de valorar la posibilidad de hacerte las siguientes preguntas:

1: ¿Quién eres?
2: ¿Para dónde vas?
3: ¿Cuál es tu propuesta única de valor?
4: ¿Cuál es tu código de impecabilidad?

Ejecución: El segundo elemento para poner en acción, es el poder de la ejecución y se refiere a que cada uno de los miembros del equipo y colaboradores de la organización en todos los niveles, tengan CLARIDAD sobre lo que tienen que hacer y en cuánto tiempo tienen que desarrollarlo.

Está ejecución es clara cuando todos en tu compañía pueden contestar lo siguiente:

- ✓ ¿Cuáles son las 4 metas más importantes para la empresa, tu área y tu rol de influencia?

- ✓ ¿Cuáles son las 6 acciones o conductas prioritarias, que debes hacer, de manera consistente, todos los días, que los llevarán a lograr las metas sí, o sí?
- ✓ ¿Cuáles son los indicadores claros de la empresa y cuáles son los estándares mínimos que debes respetar, para no salirte del curso de acción?
- ✓ ¿Cuáles son las competencias fundamentales, donde debes alcanzar la maestría para ser el mejor en lo que haces?

Proyectos de Ejecución: Basado en la experiencia de los procesos de implementación de este modelo en Pymes, sé que para ser eficaz y proactivos en cuanto a alcanzar la excelencia, debes trabajar todos los procesos en tiempos específicos de tres meses, los cuales se llaman TRIMESTRES DE CONQUISTA.

Dejar avanzar una implementación por más de tres meses, para luego intentar generar cambios profundos, es tonto y es el camino seguro a una frustración empresarial.

Control: Tu empresa requiere de respeto, admiración y amor. Para lograrlo, la forma más segura de tener este acercamiento es establecer tiempos específicos de evaluación, seguimiento y *feedaback* por medio de la implementación de un modelo de reuniones inteligentes. En este elemento del control se presenta generalmente un problema común por parte del personal de tu empresa, y es la resistencia a su implementación.

A veces, son las reuniones, debido a la no experiencia de esta práctica, ya sea porque no existen y todo parece funcionar sin ellas, o en algunas empresas es porque se tiene una saturación de estas y se han convertido todo en "REUNIONITIS", y no han sacado nada de esto. El RENDIR CUENTAS, está correlacionado directamente con la medición y los procesos de evaluación de desempeño. El problema es que culturalmente, el personal o las personas en general perciben el que otros los evalúen, o les pidan cuentas como un nivel de desconfianza.

La verdad es que, establecer y apasionarte por la RENDICION DE CUENTAS, es vital a la hora de crear una cultura ganadora, en tu compañía. El poder de alineación con las metas, el avanzar hacia un mejor futuro y el empoderamiento de tus empleados, lo otorga la práctica de

RENDIR CUENTAS y el mecanismo o camino para lograrlo, son las reuniones periódicas.

"Si ustedes no están haciendo el progreso que le gustaría hacer y que son capaces de hacer, es simplemente porque sus objetivos no están claramente definidos". Paul J Meyer

Personalmente les recomiendo la propuesta que aprendí de Patrick Lencioni, para establecerlas al interior de tu empresa.

Los Cuatro tipos de Reuniones:

En cuanto a las reuniones, puede encontrar estos dos problemas comunes. El primero, cuando se trabaja en compañías latinoamericanas. Es que los latinos son más folclóricos y desorganizados que los de otras culturas e improvisan mucho y ese desorden en las reuniones crean pésimas experiencias. El segundo, es que son a veces tan creativos, que piensan que innovar es igual a crear en el camino. El resultado de eso muchas veces es que pretenden en una sola reunión lograr todo lo que se necesita, y eso es imposible.

Por eso, marco la relevancia de los 4 tipos de reuniones. Cada empresa es única y en el interior de cada empresa, existe la libertad de definir si hacen o no, las cuatro reuniones, definiendo los criterios de duración, frecuencia y forma de estas.

Por otra parte, las reuniones inteligentes son el centro de la manifestación del control y de la rendición de cuentas, debido a que la COMUNICACIÓN es central y vital en la vida de las personas y de las organizaciones.

Herramienta 18
Matriz de Comprensión

¿Quiénes Somos? Identidad de la empresa.

¿Para dónde va la empresa?
¿Cómo lo harás de forma única y cuál es tu Propuesta Única de Valor?
¿Cuál es Tu Código de Impecabilidad?

Herramienta 19
Matriz de Ejecución

¿Cuáles son las 4 metas más importantes para ti y tu empresa? ¿Cuáles en tu área y cuál es tu rol de influencia?
¿Cuáles son las 6 acciones o conductas prioritarias, que si logras hacer de manera consistente todos los días, te llevará a lograr las metas de tu

empresa sí, o sí?
¿Cuáles son los indicadores claros de la compañía y los estándares mínimos que debes respetar, para saber que no te estás saliendo del curso de acción de la misma?

¿Cuáles son las competencias fundamentales, dónde debes alcanzar la maestría para ser el mejor en lo que haces?

¿ME AYUDAS A AYUDAR A MÁS PERSONAS?

"La comunicación es la conexión humana y es la clave para el éxito personal y profesional".

Paul J Meyer

Estimado empresario, permítame hacerle algunas preguntas:

¿Te gustó mi Libro?
¿Fuiste retado para aprender y aplicarlo en tu empresa, para llegar al siguiente nivel?
¿Recomendarías este Libro?

Mi propósito es, seguir siendo un Mentor de Empresarios y ayudar a 10 millones de hispanos en el Mundo para que sean exitosos y felices en sus empresas y en sus vidas personales.

Te INVITO a ser parte de un equipo global de GESTORES DE CAMBIO. Eso lo lograremos cuando compartimos lo mejor de nosotros a otros, a través de influencia, educación y apoyo financiero.

Piensa en 7 personas a las cuales les recomendarías y les regalarías este libro:

1.

2.

3.

4.

5.

6.

7.

Para averiguar sobre pedidos o descuentos especiales por compras al por mayor, contactarse con:

www.emergiendo.com
comercial@emergiendo.com
carloseduardoscoach@gmail.com

Te invito a que me permitas saber de ti, conocerte, saber qué cosas comenzarás a hacer diferente o cuales fueron tus aprendizajes más significativos de la interacción con este libro, para eso, por favor envíame un email a carloseduardoscoach@gmail.com, con lo que me quieras contar o con tu opinión del libro.

Gracias por dedicarme su preciado tiempo, estaré a la expectativa de leer sus relatos de éxito.

¡Gracias!

Bendiciones

Carlos E. Sarmiento L.

MENTORÍAS PARA EMPRESARIOS

Hola, si necesitas más información acerca de nuestros programas, mentorías privadas o programas online. O simplemente tienes una sugerencia y alguna duda, puedes contactarnos en:

www.emergiendo.com
comercial@emergiendo.com
carloseduardoscoach@gmail.com

Teléfono (+57)3505470393

¡Gracias!

Bendiciones, Éxitos y mucha Abundancia para ti, los suyos y su empresa

UN LLAMADO A LA ETERNIDAD

Reconozco que somos seres espirituales, teniendo una experiencia humana. Todo lo que soy y tengo hoy, se lo debo a mi Dios y a la obra de Jesús en mi vida.

Como coach, terapeuta, escritor y consultor, soy coherente con mi propósito; por eso, me esfuerzo en compartir lo mejor de mí, en mis libros. Quiero también dejarles un pequeño mensaje espiritual.

Este no es un libro de teología, ni un libro religioso, como la vida tampoco lo es. Lo que sé, es que la vida es espiritual, es un milagro y es un don que no nos pertenece. ¿Quién de nosotros por más que se afane, podría añadir más estatura o cambiar lo incambiable? Es curioso que por más ateos que, algunos se jactan de ser; cuando esos seres pierden la esperanza, cuando no ven salida alguna o sienten que están a punto de morir, voltean sus ojos a Dios, a lo espiritual o a lo sobrenatural.

Este es un mensaje de corazón a corazón y un compartir muy respetuoso. Respeto y honro al máximo sus creencias o prácticas religiosas, o si no las tiene, pero permítame darte este mensaje.

Cuestiónate sobre la eternidad y qué pasará cuando todo haya terminado. Personalmente acepté a Jesús como mi Señor, mi Salvador y el Soberano de mi vida. Eso revolucionó mi relación con él, siempre me ha llevado a querer ser más; sus estándares me han ayudado a entender el poder del liderazgo.

"Creo firmemente que la vida es un regalo amoroso de Dios y lo que yo haga con mi vida, es mi regalo para ÉL."

Cuatro preguntas:

¿Crees en Dios? Sí o No ¿Y por qué?

¿Crees en la vida después de la muerte?

¿Qué pruebas hay en tu vida, de que Dios existe y de que Él te ama?

¿Cuál es tu destino final?

La oración de fe:

Esta oración la hice una vez hace veintidós años, cuando decidí voluntariamente reconocer a Dios en mi vida y aceptar a Jesús como mi Señor y Salvador. Te invito a que pares un momento, y repitas ahora mismo y en voz alta la siguiente oración:

Señor Jesús, te necesito. Gracias por morir en la cruz para pagar por mis pecados. Te pido perdón por mis pecados y te recibo y confieso como mi unico Señor y Salvador. Gracias por darme el regalo de la vida eterna. Deseo cambiar y vivir una nueva vida contigo como mi Señor y Salvador. Gracias Jesús. Amén.

"Pon tu mira en el cielo y recibirás también la Tierra, pon tu mira en la Tierra y no recibirás ni ésta, ni el cielo".

CS. Lewis.

Con respeto te entrego lo mejor de mí, estoy comprometido con tus sueños. Es mi anhelo darte ánimo a que tengas valor y ayudarte a ir hasta el siguiente nivel. Por eso honro la importancia de Dios en mi camino, si no, y de no ser por sus grandes bendiciones me sería imposible entregarme completamente en mis escritos y entrenamientos.

Deseo que descubras tu propósito y que tu vida éste llena de paz, amor, prosperidad y plenitud espiritual.

Gracias y que Dios te bendiga.

Tu amigo.

"Si usted cree que es demasiado pequeño para marcar una diferencia, intenta dormir con un mosquito en el cuarto".

Atribuido al Dalai Lama XVI

EL SIGUIENTE PASO

Jhon C. Maxwell, el gurú y experto en liderazgo mundial, fue impactado por el poder del SIGUIENTE PASO cuando él estaba en su transición, entre los veinte y los treinta años; gracias a un coach de alto desempeño del Instituto de Motivación para el Éxito. ¡Quién lo RETO a ir más allá!

En esa ocasión, el Coach Curt Kampmeier, lo confrontó al decirle: **"Si vas a crecer tienes que ser INTENCIONAL".**

Estimado lector, tiene frente a sus ojos la oportunidad de ELEGIR y aceptar, EL RETO del siguiente paso.

El siguiente paso, consiste en ASUMIR EL 100% DE SU RESPONSABILIDAD, frente a todos los resultados que has obtenido hasta hoy, y tus relaciones con todas las personas que tienen contacto contigo en sus entornos conectivos, familiares y laborales.

Como COACH DE ALTO DESEMPEÑO, tengo que hacerle la misma PREGUNTA potenciadora, que se le hizo a Maxwell en su tiempo.

¿Tiene usted un plan de crecimiento personal y profesional estructurado, y lo tiene escrito para los próximos doce meses?

Tengo plena seguridad que el 90% de las personas que lean este libro, no LO TIENEN. Por eso les explico un poco más, en que consiste este PLAN DE CRECIMIENTO. Es, un EJE CENTRAL de trabajo, resultante de la intervención y acompañamiento de un Coach de Alto Desempeño, por un período de 6 meses utilizando la metodología del COACHING DE RESULTADOS.
Este plan de crecimiento personal y profesional se sustenta sobre cuatro EJES centrales que son sencillos y potenciadores:

Un plan de crecimiento personal trabajará con el 100% de ti mismo, para llevarte a ser la mejor versión de ti, para ayudarte de forma sostenida a liberar tu potencial al máximo. El siguiente paso equivale a asumir el RETO de tener Sí, o Sí, un PLAN DE CRECIMIENTO PERSONAL Y PROFESIONAL para los próximos doce meses, esto los llevará a entender que:

"El deseo y la intención no cambian a nadie, esperar que algo pase sin hacer nada, no moviliza. El simplemente soñar, no me hace mejor. Tener una visión no transforma. Pensar y sentir bonito no sostiene. Lo único que tiene sentido es usar AL MISMO TIEMPO los cuatro elementos de la fórmula de la excelencia sostenida: Propósito, acción masiva, consistencia y estándares de excelencia".
Carlos Eduardo Sarmiento L.

Anexo # 1

EL PODER DEL COACHING DE RESULTADOS

De todas las competencias que puede y debe desarrollar un líder, la más importante e influyente a la hora de pensar en generar resultados, es la competencia del Líder Coach, sustentada en el modelo del coaching de resultados para mejorar el desempeño, generar crecimiento y lograr consistencia y sostenibilidad, a mediano y largo plazo.

Mi definición de lo que es el coaching de resultados: Es el arte de facilitar procesos de aprendizaje, autoconocimiento y cambio fundamentados en cuatro elementos vitales que son:

Relaciones genuinas: Es la creación sostenida de una relación a largo plazo y ganar con un líder coach genuino, transparente, humano y conectivo.

Una estructura: Se refiere a contar con una metodología estructurada y sistemática que te lleve de forma organizada de comienzo a fin.

Un proceso: Me refiero a que, como seres humanos necesitamos tener un tiempo mínimo para lograr cambios sostenibles y significativos, en mi experiencia, se requiere un mínimo de seis meses.

Cambios en profundidad: Aquí me refiero, a que todo cambio se inicia con un cambio de paradigmas, aunque los paradigmas se arraigan en el subconsciente; los cambios en profundidad hablan de generar cambios de actitud, de comportamiento y pensamiento subconsciente.

Categorías de tipos de coaching: El coaching, es una metodología de intervención que ha estado activa en diferentes partes del Mundo durante los últimos treinta años. Es importante tener claridad sobre los diferentes tipos de coaching que existen. Hay tres categorías fundamentales de intervención de coaching, en estas prácticas entran la mayoría de los coaches, y son:

Coaching transaccional: El enfoque de esta técnica, es en el desarrollo de habilidades y competencias blandas.

Coaching conductual: El enfoque de esta habilidad, se basa en descubrir viejas pautas de comportamiento para luego instaurar nuevas pautas.

Coaching transformacional o de resultados: El enfoque está basado en trabajar e inspirar para generar un cambio sustentable en el individuo, trabajando el cambio de pensamientos, actitudes, comportamientos y la alineación con las emociones correctas.

Para que se dé genuinamente una intervención de coaching de resultados, se deben manifestar tres pilares fundamentales. Los evaluarás en la gráfica siguiente:

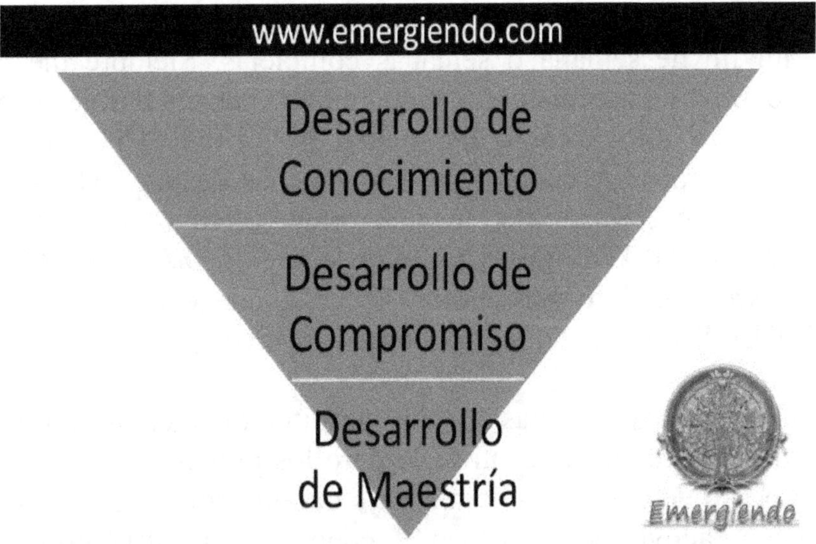

Desarrollo del conocimiento: Vivimos en tiempos de cambios con saturación de información y adelantos tecnológicos, lo mismo que en la ciencia. Pero seguimos teniendo los mismos problemas, así que debes elegir los coaches que tengan el conocimiento correcto sobre el liderazgo y la complejidad humana, para que realmente pueda ayudarte y a la vez tú ayudar a otros en tu entorno.

Desarrollo del compromiso: Este es tal vez, un elemento difícil de conseguir en los aprendices, lo mismo que en la mayoría de los seres humanos. Si te observas, te encontrarás diciendo o escucharás a otros decir: "Es que yo realmente sí quiero cambiar" o "yo sé que eso está mal"... y un tiempo más tarde verás que todo sigue igual o les está yendo peor.

El compromiso es algo emocional, mental y de voluntad. El compromiso se genera cuando llegas a OTRO NIVEL DE CONCIENCIA, donde te interesas genuinamente por las consecuencias positivas y negativas de todas tus acciones de conductas en tu entorno o en los roles en que estés inmerso.
Desarrollo de la maestría: No hay nada más curioso que la actitud de algunos seres humanos, ante la posibilidad real de querer atraer o lograr muchas cosas, pero a la vez no quieren pagar el precio en tiempo, en educación o al mantener el compromiso necesario, que les demandaria el poder alcanzar o lograr lo que dicen querer.

Para mí, fue cuestión de tiempo, dinero y pérdidas significativas, el entender que había una gran diferencia entre EVENTOS y PROCESOS. Por mucho tiempo asistí a muchísimos y variados EVENTOS, ya fuera de un día, un fin de semana o semanas completas. Siempre me pasaba lo mismo; se manifestaba mi emoción de euforia. Parecía darme cuenta en ese momento, de lo que me hacía falta o cual era mi falla. Creía que ya estaba listo para devorar el Mundo, pero tres semanas después TODO SEGUÍA IGUAL. Del año 2007 al 2008 tuve la fortuna de tomar un PROCESO DE LIDERAZGO TRANSFORMACIONAL de *Leadership Management International,* que duró seis meses, y fue donde comence a entender el PODER DEL PROCESO que ahora enseño y vivo.

Los eventos, son experiencias que nos permiten tener en un solo impacto en un entorno de aprendizaje controlado pero los procesos son multi-impacto. En mi proceso de comienzo de mi viaje durante seis meses fui expuesto a información, apoyo de un coach y conectado a estructuras de apoyo. También pude interactuar entre ambientes de aprendizaje controlados y en la vida real, lo que siempre hará más efectivo el proceso.

El desarrollo de la maestría se logra en PROCESOS y no en eventos, resultado de la conexión continua y permanente de cuatro elementos:
+ Práctica.
+ Emociones positivas.
+ Disciplina.
+ Tiempo (Minimo seis meses de proceso).

Tengo que ser coherente, en mis procesos de seis meses, logro establecer los fundamentos del cambio sostenible, y le entrego a mis clientes estructuras para sostener esos cambios. Aunque la REAL MAESTRIA se logra después de dos o tres años, como lo confirma el autor Malcolm Gladwell, en su libro Fuera de Serie. Basado en resultados de muchas investigaciones y conversaciones con maestros en diferentes áreas, descubrió un PATRÓN:

Para lograr la MAESTRIA en algo, se necesita un mínimo de 10.000 HORAS DE PRÁCTICAS.

"Una práctica ocasional, jamás generara transformación".

Anexo # 2

BONO DE REGALO

Por comprar este libro y llegar a esta página, has ganado el derecho a una sesión COMPLETAMENTE GRATIS, de 90 minutos de Coaching de RESULTADOS, online, con el autor.
Para reclamarla escribe un email directamente al autor: carloseduardoscoach@gmail.com
En asunto: Yo quiero recibir Coaching GRATIS.
Escribe tus datos personales:
Nombre:___________________________________
Ocupación:_________________________________
Edad:____
País:________Ciudad de residencia:____________
Área personal, profesional u organizacional en que desea trabajar:______________________________
Dos posibles días y horas en que podrías recibir el coaching que él te ofrece:__/__/____ o __/__/____

CONECTÁNDONOS

Para mí es súper importante saber tu opinión acerca de este libro, ¿en qué áreas te ha aportado sabiduría?, ¿has recibido impulsos y principios para manifestar tus sueños o negocios?
Escríbeme a: carloseduardoscoach@gmail.com

O a través de mis páginas webs:

www.emergiendo.com
www.tlcoachinginstitute.com

Por conectarse con nosotros y enviarnos un mensaje, recibirá una vez al mes, un boletín de liderazgo y coaching, que le dará ideas, como una píldora detonante para ir más allá. Recíbalo TOTALMENTE GRATIS.

De igual forma, quiero CREAR UNA COMUNIDAD HISPANA, que tenga interés en el tema de este libro, conectar a los lectores de diferentes zonas geográficas para que se reúnan, crezcan y compartan. Así utilizaremos el poder de la MENTE MAESTRA que consiste en la riqueza de reunirse para creer en sí mismos, aprender y crear en equipo con personas que tengan ganas de crecer, aprender y transformarse.

También serás parte del CLUB DE LAS METAS, donde compartiremos su idea de negocio, meta de aprendizaje personal, de equipo o corporativa, para que puedas recibir ideas, feedback, preguntas e impulso y motivación.

¡Muchas Gracias!

El Autor

NUESTROS PROGRAMAS

La idea es que su nivel de aprendizaje y desarrollo no quede estancado, sino que, tanto tu sueño, como tu empresa sean llevados juntos AL SIGUIENTE NIVEL. Hemos diseñado PROGRAMAS ONLINES O PRESENCIALES, para que puedas acceder a ellos desde cualquier lugar del Mundo, cuente con mi apoyo personal y de nuestro equipo con apoyo y entrenamiento en:

- **COACHING PARA EMPRENDEDORES:**
  Seis meses de apoyo, coaching y estrategias para establecer y consolidar las bases de una empresa exitosa.

- **COACHING PARA RESULTADOS:**
  Proceso de liderazgo y coaching, enfocados en resultados, claridad, productividad, gestión del tiempo y estrategia para impulsar a cualquier profesional, o gerente que sea productivo y genere un alto valor en su cargo, profesión o negocio.

- **COACHING DE PAREJAS:**
  Proceso de acompañamiento y apoyo a parejas interesadas en mejorar su relación, o poder generar una real integración y conectividad para crear su propia felicidad.

- **CERTIFICACIÓN DE COACHING TRANSFORMACIONAL ADAPTATIVO:**
  Programa de entrenamiento y desarrollo de competencias profesionales de coaching, para que el participante pueda optimizar todos sus procesos con coaching, y a su vez, el coaching se convierta en un nuevo ingreso económico que apoye tu gestión y movimiento profesional.

- **COACHING EN VENTAS:**
  Proceso de acompañamiento y apoyo durante seis meses, revisando tu estructura operativa de ventas, formándote en la maestría de las

competencias, para convertirte en un vendedor de clase mundial, puedas incrementar tus ventas y tus indicadores en un mínimo del 15%.

Estimado lector, quieres llevar este tema en vivo a tu empresa, colegio, universidad o comunidad, no dude en comunicarte conmigo, te estaré acompañando con mucho gusto.

Hasta una próxima oportunidad

Carlos Eduardo Sarmiento L
carloseduardoscoach@gmail.com
carlosedocoachderesultados@gmail.com
Bogotá, D.C. Colombia
www.emergiendo.com
www.tlcoachinginstitute.com

COMPAÑÍAS QUE RESPALDAN NUESTROS PROCESOS

www.emergiendo.com

www.tlcoachinginstitute.com

ACERCA DEL AUTOR

Carlos Eduardo Sarmiento Ladino, es un Coach apasionado y un mentor de líderes, comprometido con la construcción de un legado significativo para la siguiente generación.

Es Consultor Organizacional, conferencista, escritor, ejerce como director y fundador de *Transformational Leadership Coaching Institute,* una escuela de entrenamiento de Coaches transformacionales adaptativos de latinos para latinos.

Es parte del equipo internacional de Coaches Globales de alto desempeño de Leadership Management International. Es diseñador y creador de los Sistemas de Liderazgo para Pymes y de Liderazgo y director de EMERGIENDO, una empresa de consultoría y entrenamiento especializada en la aceleración de negocios, la excelencia corporativa y el diseño de vida.

Es autor de los siguientes libros:

- Prosperidad Integral.
- Familias de Cristal.
- 10 Pilares para Desarrollar Hijos Felices y con Propósito.
- Coaching para el Éxito.
- Coaching para Emprendedores.
- Transfórmate en un Líder en 30 días.
- Conviértete en un Número Uno en Ventas en 30 Días.
- El Manual del Líder Coach.
- El Factor Invisible.
- El Poder Del Propósito.

Carlos Sarmiento Ladino ha recibido las siguientes certificaciones profesionales en el campo del Coaching:

1. *Coach profesional* certificado por las siguientes organizaciones:
   - International Coaching Comunity ICC
   - International Coaching Leadership ICL
   - International Coaching Federation ICF

- Optimizare
- Future Achievement International
- ACSTH de la ICF de Active Results

2. *Coach Transformacional* del Modelo de Lifeforming, Universidad de Virginia en los Estados Unidos de América.

3. *Coach Ontológico Organizacional* – Universidad de Manizales, Intuitiva y de la ICF.

Es un enamorado del desarrollo personal, del liderazgo y de la transformación en su búsqueda personal y en su camino de entrenamiento, ha sido alumno de mentores como Bob Proctor, Paul J Meyer, Jhon C Maxwell, Kem Banchard, Robert Kiyosaky, Zig Ziglar, Bryan Tracy, David Ransey, Fredy kofman, Jack Canfield, Anthony Robins y Sthephen Covey.

BIBLIOGRAFÍA

- *The Power of Focus, Canfield, Hansen and Hewiit. Health Communications.*
- *El Arte de lo Posible, Rosamund Stone Zander y Benjamin Zander. Paidós.*
- *The DNA Of Success, Jack M Zufelt. Regan Books*
- *Los 7 Hábitos de la Gente Altamente Efectiva, Stephen Covey. Paidós*
- *Poder sin Límites, Anthony Robbins, Grijalbo*
- *El Poder del Pleno Compromiso, Jim Loehr y Tony Schwarts. Algaba*
- *Estrategias para el Éxito, Phillip C. Mcgraw, Plaza y Janes*
- *Transforme sus Pensamientos en 30 Días, Carlos Eduardo Sarmiento, Mestas*
- *El Test de la Pasión, Janet Bray y Attwood Christ, Norma*
- *Una Vida con Propósito, Rick Warren, Vida.*

RECURSOS Y ENLACES RECOMENDADOS

- Endeavor- www.endeavor.org
  Comunidad de Emprendedores
- Ashoka – www.ashoka.org
  Apoyo a emprendedores sociales
- Kickstarter
  Buscar financiación de ideas y proyectos
- Change This- www.changethis.com
  Informes y datos de libros relevantes en gerencia, emprendimiento, administracion y creatividad.
- MindValley
  Plataforma de enseñanza de salud, espiritualidad y productividad de líderes mundiales
- Asociación Iberoamericana de Cámaras de Comercio
  www.aico.org
- Entreword – www.entreworld.org
  Centro Kauffman para el liderazgo empresarial
- Camara de Comercio de Bogota
  www.ccb.org.co
- Transformational Leadership Coaching Institute
  www.tlcoachinginstitute.com
  Certificación Online en Coaching Transformational Adaptativo

LIBROS RECOMENDADOS

- El Mito del Emprendedor, Michael E Gerber
- Los 7 Hábitos de las Personas altamente efectivas, Sthephen Covey
- Primero lo Primero, Sthephen Covey
- Las 22 leyes inmutables del marketing, All Ries & Jack Trout
- The Passion Plan at Work, Richard Chand
- Bold, Shaun Smith & Andy Milligan
- Empieza con el Porque, Simon Sinek
- Poder sin Límites, Tony Robbins
- Los Principios del Éxito, Jack Canfield
- Winning -Ganar, Jack Welch
- Titanes, Tim Ferriss
- Padre Rico Padre Pobre, Robert T Kiyosaky
- Dinero, Tony Robbins
- Ontología del Lenguaje, Rafael Echeverría
- Coaching para Emprendedores, Carlos E. Sarmiento
- El Manual del Líder Coach, Carlos E. Sarmiento
- El Factor Invisible, Carlos E. Sarmiento
- Descubre tu Propósito para triunfar en el mundo, Carlos E. Sarmiento
- Transformate en un Líder en 30 Días, Carlos E. Sarmiento
- Conviértete en un número uno en ventas en 30 días, Carlos E. Sarmiento.
- El Poder del Propósito, Carlos E. Sarmiento.
- MBA personal, Josh Kaufman
- Yo 2.0, Dan Schawbel
- Pre-Suación, Robert Cialdini
- El Arte de Empezar 2.0, Guy kawasaky
- Piense y Hágase Rico, Napoleon Hill
- Vendedores Perros, Blair Singer
- El Arte de la Guerra, Becky Sheetz Runkle
- Saber y Hacer, Ken Blanchard, Paul J Meyer y Dick Ruhe
- Desarrolle el Líder que está en usted 2.0, John C Maxwell
- La Biblia del Líder, John C Maxwell

*Para ordenar los productos de Carlos E. Sarmiento comuníquese con nosotros a través de la página de www.emergiendo.com

O búsquelos en Amazon www.amazon.com

www.ingramcontent.com/pod-product-compliance
Lightning Source LLC
LaVergne TN
LVHW061930220826
846092LV00005B/1032

9798670075404